QMW Library
KU-261-517
1034928 5

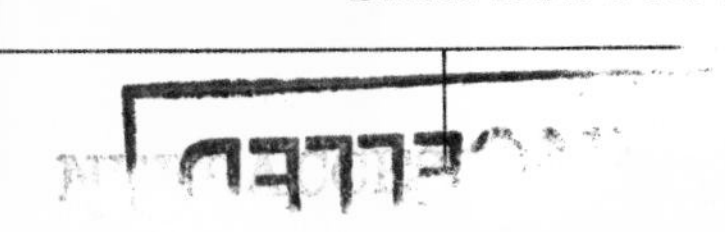
DATE DUE FOR

Erich Trunz

Weltbild und Dichtung im deutschen Barock

Erich Trunz

Weltbild und Dichtung im deutschen Barock

Sechs Studien

Verlag C. H. Beck München

Mit 34 Abbildungen

Die Deutsche Bibliothek – CIP-Einheitsaufnahme

Trunz, Erich:
Weltbild und Dichtung im deutschen Barock : sechs Studien /
Erich Trunz. – München : Beck, 1992
ISBN 3 406 35833 0

ISBN 3 406 35833 0

Gesamtherstellung: Kösel, Kempten
Printed in Germany

Inhalt

Weltbild und Dichtung im deutschen Barock

Von der deutschen Dichtung des Barock ist heute nur noch ein kleiner Teil lebendig. Von den Dramen wird keins mehr aufgeführt. Von den erzählenden Werken pflegt man nur Grimmelshausens „Simplizissimus" zu lesen, ein Werk, das unter den Barockromanen ein Außenseiter war. Aus der weltlichen Lyrik findet man in heutigen Anthologien eine kleine Auswahl von Beispielen, meist aus Fleming, Dach und Gryphius. Dagegen hat die geistliche Lyrik eine feste und unersetzliche Stellung bewahrt: Im Gesangbuch der evangelischen Kirche ist mehr als die Hälfte aller Lieder barock, in den katholischen Gesangbüchern etwa ein Drittel; das übrige Liedgut der Gesangbücher stammt meist aus noch früherer Zeit. Es scheint, daß die späteren Jahrhunderte auf diesem Gebiet nichts Ebenbürtiges hervorzubringen vermochten und daß das Alte hier nicht veraltet. Gerade als kirchliche Dichtung also ist Barockdichtung lebendig geblieben; denn sie gehört zu einer noch fraglos christlichen Welt; sie weiß sich zwischen Sündenfall und Jüngstem Gericht, denkt den Himmel über sich und die Hölle unter sich. Das gibt ihr ihre großen Themen. Und dieser ihrer Sachgebundenheit ist ein fester Wortschatz zugeordnet, der allgemein verständlich war und blieb. Das Setzen des Wortes für die Gemeinschaft wurde im 17. Jahrhundert noch gelehrt und gelernt, denn zu der Ordnung der Welt gehörte die Ordnung des Wortes. Daraus ergab sich die Bedeutung der Dichtungslehre, der Poetik. So wenig wie die Glaubensinnigkeit gestört wurde durch das Lernen des Katechismus, so wenig die dichterische Kraft durch das Lernen der Poetik. Hier Gegensätze zu sehn ist eine Sache der Neuzeit seit dem Sturm und Drang und der Romantik.

Die nach den Regeln der Poetik gebaute Dichtung hat eine Formstrenge, die heutigen Lesern manchmal nicht gleich deutlich wird, weil wir nicht geübt sind, sie zu erkennen. In der Musik weiß man, mit welcher Genauigkeit die barocken Werke nach Regeln der Harmonielehre und des Kontrapunkts gearbeitet sind. Ähnlich ist es mit den barocken Bauten; freilich legte sich im Laufe des Jahrhunderts immer mehr Schmuck und Prunk um die Strenge der Baustruktur, und das Spätbarock betonte das Dekorative, doch auch dieses blieb repräsentativ, öffentlich, großartig. Auch die Dichtungen haben etwas von der Gesetzlichkeit dieser Architektonik, der Gemessenheit dieser Repräsentation. Insofern scheinen verschiedene Künste in gleicher Richtung zu streben. Aber Vergleiche zwischen gleichzeitigen Werken verschiedener Kunstgattungen gehen niemals rein auf, da jede Gattung ihr besonderes Gesetz in sich trägt und daher in verschiedenem Grade den Strebungen einer Zeit entgegenkommt. Gegenständliche Malerei läßt sich leichter schaffen als gegenständliche Musik, kosmische Musik leichter als kosmische Dichtung, erlebte Dichtung leichter als erlebte Baukunst, staatliche Baukunst leichter als staatliche Malerei usw. Darum muß mit den Wandlungen des Lebens und Geistes auch die Führung in den Künsten wechseln, es ergibt sich eine Ungleichartigkeit des Gleichzeitigen, und die geschichtlichen Entwicklungswellen der verschiedenen Künste (Höhepunkte, Reichweite, Epochengrenzen) fallen fast nie genau zusammen. Die barocke Baukunst beginnt am Ende des 16. Jahrhunderts und reicht in ihrer Spätzeit bis etwa 1770. In der deutschen Musik beginnt eine neue Epoche mit Schein und Schütz, und sie endet mit Bach. In der Dichtung ist der Beginn des Barock in Deutschland deutlich gekennzeichnet durch Weckherlin und Opitz um 1620. Das Ende ist die Neukirchsche Sammlung von Gedichten der späten Schlesischen Barockdichter, die um 1700 erscheint. Johann Christian Günther, 20 Jahre später, leitet schon zu einer neuen Dichtung über: nicht mehr feste Themen, in der Weltordnung begründet, und das gehörige Wort, sondern der einmalige Mensch, sein Erlebnis und die Echtheit seines Ausdrucks. – Was berechtigt uns nun, Werke verschiedener Art aus dem 17. Jahrhundert nicht nur wegen ihrer Gleichzeitigkeit, sondern auch wegen einer inneren Verwandtschaft als „barock“ zu bezeichnen?

Am Beginn des Barock stehen Kepler und Jacob Böhme. Beide richten ihren Geist auf das göttliche All, das Seiende als Ganzes, und sie erkennen es als Zusammenhang und Harmonie. Indem sie seinen Ordnungen im einzelnen nachgehen, denken sie Gedanken Gottes noch einmal. Am Ausgang des Barock steht Leibniz. Auch er denkt das All, auch er sucht die große Harmonie zu erkennen, und alles Suchen des Menschen in den einzelnen Bereichen hat nur Sinn, sofern es zum Gesamt und zu Gott führt. Das Barock ist die Zeit des großen Systemdenkens. Die Einheit des Alls zeigt sich in den harmonikalen Beziehungen zwischen den verschiedenen Bereichen und den Gesetzen, welche Gott der Natur gab. Harmonik und Gesetzlichkeit lassen sich am leichtesten erkennen, wo sie Maß und Zahl sind. Gottes Maße sind immer Harmonie. Wo der Mensch Harmonie schafft, zeigt er, daß er an die göttliche Ordnung denkt und sich in sie hineinzustellen versucht. Am Beginn des Barock stehen zwei gesetzesstrenge Musiker, Schein und Schütz; in der Reinheit ihrer Harmonik sind sie Muster einer kosmisch gemeinten Musik. Am Ausgang des Barock steht Johann Sebastian Bach, dessen Musik gleichsam Mathematik und Gottesdienst zugleich ist, Gipfel und Ausklang der Barockmusik, welche die Harmonie der Gottesordnung in der Harmonie des Kunstwerks nachschaffen will. – Was ist bei diesen allen von Kepler bis Leibniz, von Schein bis Bach das Gemeinsame? Ein Streben zu Gott durch das All; eine Erkenntnis des Alls als System und Harmonie; und ein Sich-Einfügen des Menschen und seiner Kunst und Wissenschaft in diese Harmonie.

Kepler strebt schon in seinem ersten Werk, dem „Mysterium cosmographicum", das er 1597 mit 25 Jahren veröffentlichte, danach, ein Stück der Weltharmonik zu erkennen. Er setzt darin die Planetenbahnen in Beziehung zu den Grundformen der Stereometrie; und er glaubt, daß zwischen den regelmäßigen Vielecken und den Planetenbahnen harmonikale Beziehungen feststellbar sind und daß damit ein Grundgesetz des Weltbaus deutlich werde. Am Schluß des Buches geht die wissenschaftliche Prosa über in einen begeisterten Hymnus auf die Schönheit der Welt; er dankt dem Schöpfer, daß er den Menschen so gemacht habe, daß dieser den Makrokosmos erschließen könne. In einem Brief aus dem Jahr 1599 sagt Kepler: „Für Gott liegen in der ganzen Körperwelt körperliche Gesetze, Zahlen und Verhältnisse vor, und zwar höchst erlesene und auf das beste geordnete Gesetze ... Jene Gesetze liegen innerhalb des Fassungsvermögens des menschlichen Geistes; Gott wollte sie uns erkennen lassen, als er uns nach seinem Ebenbilde erschuf, damit wir Anteil bekämen an seinen eigenen Gedanken" (Briefe, hrsg. von M. Caspar u. W. v. Dyck, Bd I, 1930, S. 103; im Original lateinisch). Jahrzehntelang trug er Materialien zu einer Weltharmonik zusammen; dann schrieb er sein großes Werk: „Harmonices mundi libri V", „Fünf Bücher von der Weltharmonik", 1619. Er bringt hier die Bahnen der Planeten in Beziehung zu den Harmonien der Musik. Er glaubt die Sphärenharmonie berechnen zu können und will aufzeigen, daß die Harmonie der menschlichen Musik deren Abbild ist. Begeistert schreibt er: „Es sind also die Himmelsbewegungen nichts anderes als eine fortwährende mehrstimmige Musik (durch den Verstand, nicht das Ohr faßbar), eine Musik, die durch dissonierende Spannungen, gleichsam durch Synkopen und

Kadenzen hindurch (wie sie die Menschen in Nachahmung jener natürlichen Dissonanzen anwenden) auf bestimmte, vorgezeichnete, je sechsgliedrige (gleichsam sechssstimmige) Klauseln lossteuert und dadurch in dem unermeßlichen Ablauf der Zeit unterscheidende Merkmale setzt. Es ist daher nicht mehr verwunderlich, daß der Mensch, der Nachahmer seines Schöpfers, endlich die Kunst des mehrstimmigen Gesangs, die den Alten unbekannt war, entdeckt hat. Er wollte die fortlaufende Dauer der Weltzeit in einem kurzen Teil einer Stunde mit einer kunstvollen Symphonie mehrerer Stimmen spielen und das Wohlgefallen des göttlichen Werkmeisters an seinen Werken soweit wie möglich nachkosten in dem so lieblichen Wonnegefühl, das ihm diese Musik in der Nachahmung Gottes bereitet" (Weltharmonik, übers. v. Caspar, 1939, S. 315). Kepler stellt aber nicht nur die Musik in den Zusammenhang kosmischer Harmonik, sondern auch die dichterischen Formen (S. 152f., 222). Und die makrokosmischen Dinge – die Planetenbahnen, die stereometrischen und geometrischen Formen – werden wiederum bezogen auf die christliche Offenbarung: Gott ist symbolisiert in der Kugel; ein Schnitt durch die Kugel ergibt den Kreis; dieser bezeichnet den Menschen (S. 215). Kepler war überzeugt, durch solche Zusammenschau vorzudringen zu dem Urbild des Weltenbaus („genuinus archetypus fabricae mundanae"), und schreibt am Ende seines Werks: „O du, der du durch das Licht der Natur das Verlangen in uns mehrest nach dem Licht deiner Gnade, um uns durch dieses zum Licht deiner Herrlichkeit zu geleiten, ich sage dir Dank, Schöpfer... Ich habe die Herrlichkeit Deiner Werke den Menschen ... geoffenbart, soviel von ihrem unendlichen Reichtum mein enger Verstand hat erfassen können..." (S. 350). Kepler geht immer als Gelehrter, beobachtend und berechnend, vor, aber zugleich erschauert er vor dem Weltgeheimnis, religiös erregt. Das Rationale widerspricht dem Religiösen nicht, sondern es führt auf seine Weise ins Religiöse hinein, ebenso wie in der Musik oder Dichtung die Kenntnis der Form das Verständnis des Geistes nicht hindert, sondern fördert.

Man sieht an Keplers „Weltharmonik" (für uns ein Kernwerk zum Verständnis jener Zeit), warum das Barock ein Jahrhundert der Systemdenker, Baumeister und Musiker war – es handelt sich immer um Ordo, System und Harmonik. Dem entsprechend entstanden im 17. Jahrhundert große Werke der systematischen Theologie. Man ging von dem Gedanken aus, die Welt sei Gottes Schöpfung und also einheitlich, es gebe ein ihr innewohnendes System. Auch die Bibel ist

Gottes Schöpfung, als Inspiration, also einheitlich. Der Wittenberger Theologe Abraham Calov (1612–1686) schrieb, die Theologie sei die in ein System gebrachte Heilige Schrift. Schon die Scholastik war eine Systematik gewesen. Im 17. Jahrhundert gibt es nun die großen systematischen Werke von Johann Gerhard, Dannhauer, Calov, Quenstedt und anderen, die auf ihre Weise die Gesamtheit des theologischen Denkens umfassen und logisch ordnen. – Die barocke Neigung zum Gesamtbild gibt es aber nicht nur bei diesen lateinisch schreibenden Gelehrten, sondern auch bei Jacob Böhme, obgleich dessen eigenwilliges, krauses, geheimnisvolles Denken sonst ganz anderer Art ist. Sein Erstlingswerk „Aurora", 1612, will „Theologie", „Philosophie" und „Astrologie" (er versteht darunter die Lehre von der Natur allgemein) in Zusammenhang bringen. In allen Bereichen findet er Liebe und Zorn, Gut und Böse, nicht nur im Menschen, auch in „Vögeln, Fischen, Würmen", in „Gold, Silber, Zinn ... Holz, Kraut, Laub und Gras" (Kap. 2, 4). Man glaubte damals an drei Grundelemente in der Natur: Mercurius, Sulfur und Sal. Die bringt er in Zusammenhang mit Licht und Finsternis, mit Himmel und Hölle. In dieser Weise geht sein Denken weiter, gipfelnd in seiner „Beschreibung der drei Prinzipien göttlichen Wesens", wo er Gott, Paradies, Menschengeist, Mineralien, Pflanzen, Tiere bis in Einzelheiten hinein in geheimnisvollen Zusammenhängen sieht.

Dieses Streben zur Ganzheit vereinigt viele bedeutende Geister des Barock. Zeitgenosse von Böhme ist der Universalgelehrte Alsted in Herborn, der in seiner großen „Encyclopaedia", 1630, sämtliche Wissenschaften zu einem großen System zusammenfügte. Verwandte Gedanken lebten in Comenius, der jung seine Heimat in Mähren verlassen hatte, um nicht die gewaltsame Katholisierung mitzuerleben, und seither im Kreise der deutschen Gelehrten lebte, besonders beeinflußt von seinem Lehrer Alsted. Sein Leben lang arbeitete er an einem pansophischen Werk, das die Lehren der Bibel und das System der Natur zusammenfassen sollte; er veröffentlichte „Pansophiae prodromus" (Vorläufer der Pansophie) und „Pansophiae diatyposis" (Veranschaulichung der Pansophie) und hinterließ sein Hauptwerk bei seinem Tode als Handschrift, die erst im 20. Jahrhundert gedruckt ist, alle Gebiete des Denkens und Wissens zusammenfassend. Comenius empfand sich in aller Demut als prophetischen Geist, er verglich die Arbeit an seiner „Pansophia" mit dem Bau der Stiftshütte, zu dem Gott Mose anregte (2. Mose 25,40), und sagt: „Lob sei dir, Gott, der du mit deiner Stimme auch mir, der ich im Begriff bin, den Tempel der Weisheit, die

Pansophie, zu erbauen, deine Werke und deine Stimme als Vorbild zeigst, damit so, wie deine Werke und Worte ein wahres und lebendiges Bild von dir sind, auch das, was ich schaffe, ein wahres und lebendiges Bild deiner Werke und Worte sein könne... Ein solches Buch wünsche ich herzustellen, das in seiner Einheit gleich viel gäbe wie alle anderen, ein Magazin der universalen Bildung..." (Prodromus pansophiae, 1639, § 38 und 41). – Die Werke von Kepler, Alsted und Comenius hat dann Leibniz gekannt. 1671, in seiner Jugend, schreibt er in einem in deutscher Sprache verfaßten Akademie-Entwurf: „Zwischen der Universal-Harmonie und der Ehre Gottes ist kein Unterschied als ... zwischen Person und Bild... Denn Gott zu keinem andern End die vernünftigen Kreaturen geschaffen als daß sie zu einem Spiegel dieneten, darin seine unendliche Harmonie auf unendliche Weise in etwas vervielfältiget würde... Als Philosophi aber verehren Gott diejenigen, so eine neue Harmonie in der Natur und Kunst entdecken und seine Allmacht und Weisheit sichtbarlich zu spüren machen" (Sämtl. Schr., Akademie-Ausg., 4. Reihe, Bd I, 1931, S. 532 u. 534). Auch hier „Harmonie" und ihr „Entdecken". Das sind Gedanken, die von Kepler bis Leibniz dem Jahrhundert das Gepräge geben: der Makrokosmos als ordo in Maß und Zahl; der forschende Verstand führt zur Anbetung Gottes; Heilswahrheit und Naturwahrheit entsprechen einander; Tugend ist ein Sich-Einfügen in die große Ordnung; der Mikrokosmos muß Spiegel des Makrokosmos sein, dann verhält er sich richtig.

Um das Gesamt der göttlichen Weltordnung zu erkennen, mußte man alle Gebiete umfassen: Das ist der religiöse Hintergrund der barocken Vielwisserei, die kein Vielheits-, sondern ein Ganzheitsstreben war. Darum haben in diesem Jahrhundert immer wieder Gelehrte versucht, die Ganzheit darzustellen; manche wie Alsted in seiner „Encyclopaedia", 1630, türmten den ganzen verschachtelten Riesenbau auf, andere wie Kepler, Keckermann, Jungius, Czepko, Peter Lauremberg und noch Leibniz lieferten Teile, Bruchstücke, Pläne. Immer werden Gott, Makrokosmos (Natur) und Mikrokosmos (Mensch) in harmonikale Beziehungen gebracht; daher ist Welterkenntnis zugleich Gotteserkenntnis und Selbsterkenntnis. Die Vorstellung, daß die Naturordnung eine Parallele der Heilsordnung sei, ist von Valentin Weigel, Kepler und Böhme bis zum Ende des Jahrhunderts Gemeingut. Daniel v. Czepko schreibt:

Gut: der Weisheit in der Natur nachschlagen;
Besser: Seligkeit in der Schrift erfragen;
An dem besten: Natur und Schrift vergleichen
Als der göttlichen Wahrheit feste Zeichen.
(Czepko, Geistliche Schriften, 1930, S. 218)

Dieser immer wieder durchgrübelte Gedanke hat auch der Kunst ihre Eigenart gegeben, insofern diese in allem Naturhaften nur Embleme der Heilsordnung sah und nie das Gegenständlich-Einzelne, sondern nur das Gesetzlich-Allgemeine darstellen wollte.

Um das große Ziel zu erreichen – die Ordnung zu erkennen und sich ihr einzufügen –, wurde der Mensch mit allen seinen Kräften aufgerufen. Manche späteren Betrachter haben dieses Jahrhundert in „Mystik" und „Rationalismus" aufgespalten und damit einen wesentlichen Zug und eine große Leistung in ihm, die Einheit beider, verkannt. Es gibt eine Radierung von Rembrandt, die man „Faust" genannt hat: Ein Mann im Studierzimmer sieht ein Lichtzeichen mit Linien und Buchstaben. Er ist nicht entsetzt; wohl betroffen und erregt, aber doch ruhig. Er hält die Feder in der Hand und wird aufzeichnen, was er sieht. Ist er Mystiker, ist er Rationalist? Keines von beidem. Wir haben kein modernes Wort für seine Haltung und nennen ihn deswegen wohl am besten so, wie das Barock selbst ihn nannte: einen Pansophen, einen Ganzheitswisser, Allforscher. Der Pansoph sucht die große Harmonik, die Gesetzlichkeit des Seienden in seiner Ganzheit. Mit ihr erfaßt er die Gedanken Gottes. Einerseits versetzt ihn das in einen Rausch der Gottnähe, andererseits ist es klares Messen und Betrachten. Aber die tiefsten Erkenntnisse dieser Zusammenhänge sind begnadete Schau – das spricht Rembrandts Pansophenbild aus. So ist auch bei Jacob Böhme tiefe Schau verbunden mit grübelndem, mitunter fast spielendem Zusammenstellen, das für alles Geschaute Zeichnungen und Schemata erklügelt. Auch Rembrandts Pansoph sieht ein Zeichen mit Linien und Buchstaben. Solche Zeichen gibt es von den Rosenkreutzer-Handschriften um 1600 bis zu Wellings „Opus mago-cabbalisticum", 1735, immer wieder. Alles ist rechnerische und bildhafte Ordnung und zugleich Erfassen des Unendlichen, Geheimnisvollen, Göttlichen. Keplers Bücher gehen von astronomisch-mathematischen Berechnungen unmittelbar über in jubelndes Gebet. Nicht nur der gestirnte Himmel, alles in der Natur konnte in dieser Weise erschauernd erlebt werden. Eine echte unio mystica der Seele mit Gott (wie im Mittelalter) findet man im Schrifttum dieses Jahrhunderts selten, viel häufiger das Suchen nach dem harmonikalen Verhältnis von Gott, Schöpfung und Mensch. Wenig findet man auch von einem Rationalismus im Sinne des 18. Jahrhunderts, denn der Verstand suchte nur, damit die Seele angesichts des erkannten göttlichen Gesetzes anbeten könne. Wissenszweige, welche 100 Jahre später nüchtern-verstandesmäßig wurden – wie Mathematik und Naturwissenschaft –, offenbarten noch tiefe Wunder, erfüllten mit Schauer vor dem Göttlichen. Was man aufspüren wollte, waren nicht „Naturgesetze" im Sinne der neuzeitlichen Physik, sondern die Ordnung der Welt; Keplers Gesetze der Planetenbewegung sind nur kleine Teilergebnisse im Rahmen seiner harmonikalen Forschungen. Von Paracelsus und seinen Schülern führt die Linie dieser Pansophie über Weigel, Böhme, Kepler, Athanasius Kircher und andere bis zu Kirchwegers „Aurea catena Homeri", 1723, und Wellings „Opus mago-cabbalisticum", 1735. Czepko schreibt: „Wer zur Erkenntnis Gottes gelangen will, der muß bei der Schöpfung den Anfang machen..." Ihm soll „Alchymia" zeigen, „wo das Mittel sei, das Erd und Wasser, Gott und Menschen, Leib und Seele so genau zusammenbindet." (Werner Milch, Czepko, 1934, S. 137) Das klingt fast wie die Worte Fausts bei Goethe; kein Zufall, denn Goethe, der die spätbarocken Ausläufer dieser Bewegung, Kirchwegers und Wellings Werke, in seiner Jugend eifrig studierte, faßt im „Faust"-Monolog zusammen, was die Pansophen seit Paracelsus immer beschäftigt hatte.

Keplers (oben zitierter) Satz aus dem Schluß seiner „Weltharmonik": „O du, der du durch das Licht der Natur das Verlangen in uns mehrst nach dem Licht deiner Gnade..." benutzt eine alte Wendung: Vom Licht der Natur (lumen naturae) und Licht der Gnade (lumen fidei oder gratiae) sprach schon die Scholastik. Thomas von Aquino sagt, daß das Licht des Glaubens (lumen fidei) das Licht der natürlichen Erkenntnis (lumen naturalis cognitionis) nicht auslösche, sondern ergänze. (Summa theologiae I, 1,8 ad 2. Ähnlich Kommentar zu Boethius, Über die Dreifaltigkeit 2,3) Am Ende des Mittelalters wurden die großen scholastischen Handschriften nicht mehr viel gelesen, ihre Wirkung ließ nach. Luthers Leistung war eine Theologie des Kreuzes. Des Menschen Beziehung zu Gott besteht hier durch Christi Erlösungstat und allein durch den Glauben (sola fide). Zu dieser Zeit aber wurde die Natur als Kosmos für Paracelsus ein unermeßliches Feld religiöser Erkenntnis, und damit gewann für ihn das „Licht der Natur" eine neue Bedeutung. Er schreibt: „Soll ich nicht so viel vermögen und ein jeder, daß wir das ewige Licht in uns sollten bewähren und das natürlich Licht in uns auch bezeugen, so wäre mir leid." Oder: „Und also soll der Mensch in zweien Lichten leben, und keins hindert das ander." („Philosophia sagax", Vorrede. Werke, hrsg. von Sudhoff, Bd. 12, 1929, S. 9 und 11) Die Lehre von den zwei Lichten hat Paracelsus aus der philosophischen Tradition, doch die Art, wie die Scholastik sie in ein Verhältnis gebracht hatte, liegt ihm bereits fern. Daß es nicht ein einziges Licht ist, eben das Licht schlechthin, ergab die Aufgabe, beide Bereiche neu als Einheit zu verstehen. Im protestantischen Gebiet wurde sie nun angegangen von Weigel, Kepler, Böhme und anderen. Bei den Katholiken wurde mit der Philosophie des Suarez um 1600 scholastisches Erbe zu neuem Leben erweckt. Dennoch ist die Art, wie man Natur und Heilsordnung verbindet, jetzt überall anders als im Mittelalter, denn man versucht, ein bis ins einzelne gehendes harmonikales Bezugssystem herzustellen.

Versuchen wir, das große Ordo-Denken des Barock näher kennenzulernen, so bemerken wir drei Fragen-Bereiche, denen sich das Denken vor allem zuwandte: 1. die Analogien der Daseinsbereiche (die speziell pansophische Frage); 2. die ständische Ordnung; 3. die Ordnung der Wissenschaft und Kunst.

Die Analogien der Daseinsbereiche verbinden zunächst Gott und die Natur. So bringt die Dreiheit von Vater, Sohn und Heiligem Geist mit sich, daß es eine Dreiheit der Grundelemente in allen Dingen gibt: Sulfur, Sal, Mercurius. Darum schreibt Angelus Silesius:

Die Dreieinigkeit in der Natur

Daß Gott dreieinig ist, zeigt dir ein jedes Kraut,
Da Schwefel, Salz, Mercur in einem wird geschaut.
(Cherubinischer Wandersmann I,257)

Jacob Böhme zeigte („Aurora", Kap. 3 ff.), daß die Dreieinigkeit sich in allen Bereichen der Natur widerspiegle, z. B. auch in Feuer, Glut und Flamme; und entsprechend schreibt Czepko:

Drei in einem, Ein in dreien

Das Feuer ruht, die Glut bewegt, die Flamme brennt,
Wohl dem, der alle drei im Wesen eines kennt.
(Monodisticha sapientium III,34)

Das Analogon des Göttlichen ist im Naturbereich das Licht, das Analogon des Luziferischen das Dunkel; und zwar als etwas im Sein

Begründetes, und nicht etwa so, daß der Mensch diese Auffassung von sich aus an die Natur heranträgt. Gott hat die Dinge so zusammengeordnet; die Natur weist auf die Heilsordnung hin. Der Wechsel von Nacht und Tag ist bildhafte Entsprechung der Stellung des Menschen zwischen Sünde und Gnade. Deswegen spricht Gryphius, wenn er ein Gedicht „Morgen" schreibt, vom Weg aus der Sündenfinsternis in den des Gnadenlichts.

Hiermit kommen wir auf den zweiten Bereich der Analogien, den zwischen Mensch und Natur; dies ist das Feld der im 17. Jahrhundert weit ausgesponnenen Mikrokosmos-Makrokosmos-Spekulation. Auch diese wurde natürlich religiös begründet und stützte sich auf die Bibel. Der Historiker Johann Gottfried behandelt in seiner „Historischen Chronik", 1630, anfangs die Erschaffung des Menschen und schreibt anknüpfend an den Satz „Gott machte den Menschen aus einem Erdenkloß" (1. Mose 2,7): „Und also kam in den Menschen alle Art der Sterne, Gewächse, Metallen, Fische, Vögel und Tiere, ja diese große sichtbare Welt war gleichsam zu einem Menschen worden, daher ihn denn auch die Weisen nennen Mikroskosmum, die kleine Welt, weil in ihm alle Dinge begriffen sind; dann woraus er gemacht ist, das trägt er auch in sich." – Den Planeten entsprechen Metalle, und beiden wiederum Organe des Menschen; so gehören zusammen:

Sonne – Gold – Herz
Mond – Silber – Gehirn
Jupiter – Zinn – Leber
Merkur – Quecksilber – Lunge usw.

Je nach dem Überwiegen eines Planeten bzw. eines Organs ist das Temperament des Menschen verschieden. Jacob Böhme schreibt: „Das Inwendige ... im Leibe eines Menschen bedeut die Tiefe zwischen Sternen und Erde; der ganze Leib mit allem bedeut Himmel und Erde; das Fleisch bedeut die Erde ... das Blut bedeut das Wasser ... der Odem bedeut die Luft ... Die Adern bedeuten die Kraftgänge der Sternen ..." (Aurora 2, 19).

Diese Art des Denkens ist bildhaft, darum steht sie der Bildkunst und Dichtung ihrem Wesen nach nahe. Wenn ein Naturgegenstand über sich hinausweist auf einen anderen Bereich, nennt man ihn im 17. Jahrhundert „Emblem". Die Graphik und auch die Dichtung sind damals weitgehend emblematisch, und es bildet sich die besondere Gattung der „Emblemata"-Bücher, welche Bild und deutendes Gedicht vereinen. Da das barocke Emblem sich nicht mit dem Symbol (im modernen Sinne) und nicht mit der Allegorie deckt, bleibt man wohl (wie bei der „Pansophie") am besten bei dem Wort des 17. Jahrhunderts. – Daniel v. Czepko schreibt: „Wer die Schöpfung recht verstehen will, der muß die Kunst der Zusammensetzung und Vonsammenscheidung aller Dinge auf Erden ausgelernet haben. Welche Kunst von den alten Weisen Alchymia genennet worden, und ist das größte Geheimnis der Natur. Dann sie allein stellet uns vor Augen, wie die Welt gemachet ist... Wie die heilige Dreifaltigkeit sich in allen Geschöpfen abgedruckt. Sie allein stellet uns vor Augen, wie das Oberste im Untersten, das Innerste im Äußersten, das Himmlische im Irdischen sei... Wie nun das Gold in dem arsenikalischen, mercurialischen und antimonialischen Berg-Gifte umfangen liegt, also ist der Geist in uns mit dem adamischen, schlangischen und höllischen Erb-Gifte umgeben und verschlossen. Wie das Gold durch die geübte Hand eines künstlichen Schmelzers von den giftigen Bergdrachen... erledigt und zu seiner feuerbeständigen Vollkommenheit gebracht wird, also wird der Geist in uns durch die Wiedergeburt von der Erbsünde befreiet und durch die Kraft des Glaubens in der Seligkeit bestätiget." (Milch, Czepko, S. 137) Ähnlich Angelus Silesius:

> Ich selbst bin das Metall, der Geist ist Feur und Herd,
> Messias die Tinktur, die Leib und Seel verklärt.
>
> (Cherubinischer Wandersmann I,103)

Die Verwandlung eines unedlen Metalls über dem alchimistischen Ofen durch Zusatz einer geheimnisvollen Tinktur in Gold wird hier geistlich gedeutet: Die Naturordnung weist emblematisch auf die Heilsordnung hin. – Jacobus Typotius in seinem Buch „De Hierographia", 1618, führt aus: Die ganze Natur ist voll von Sinnbildern, der Mensch muß sie nur erkennen. Gott selbst hat seine Geheimnisse auf diese Weise verhüllt. Schon Moses in der Stiftshütte und Salomo im Tempel haben Sinnbilder der Natur ins Bewußtsein der Menschen gehoben, und seither haben Ägypter, Juden, Griechen und Christen daran weitergearbeitet. – Die Emblematik war keineswegs auf das gelehrte Schrifttum beschränkt. Grimmelshausen schildert im 6. Buch des „Simplizissimus", 1669, wie Simplex auf der Insel bei Madagaskar als Mikrokosmos durch den Makrokosmos belehrt wird: „Sahe ich ein stachlicht Gewächs, so erinnerte ich mich der dörnen Kron Christi, sahe ich einen Apfel oder Granat, so gedachte ich an den Fall unserer ersten Eltern... gewanne ich ein Palmwein aus einem Baum, so bildet ich mir vor, wie mildiglich mein Erlöser am Stammen des Heiligen

Kreuzes sein Blut für mich vergossen.“ (Kap. 23) Ähnlich in dem Roman „Das wunderbarliche Vogelnest“, 1672: Kröte und Schlange sind Mahnung, nicht niedrig und giftig zu werden, die Nachtigall ist Mahnung, Gott zu loben, die Ameise Mahnung zum Fleiß (Buch I, Kap. 20). – Die barocke Emblematik ist die letzte Phase einer langen Epoche bildhaft deutenden Denkens. Im Mittelalter hatte im kirchlichen Leben wie auch im weltlich-ritterlichen jede Farbe, jedes Wappentier, jede Blume einen besonderen Sinn. Wappendichter erklärten, was Rot, Blau und Grün, Rose und Lilie, Greif und Adler bedeuteten. Im Barock tritt das Sinnbild in pansophische Zusammenhänge; Böhme hat in Bildern philosophiert, und viele Geistliche haben emblematisch gepredigt. Im Laufe des Jahrhunderts kam in die Emblematik viel Spielerisches und Schmückendes, doch ihr Hintergrund blieb das Weltbild der kosmischen Analogien.

Das zweite Gebiet der Ordnung, das man immer wieder durchdachte, war die ständische Ordnung. Alsted setzt an den Anfang seiner „Encyclopedia“, 1630, die Sätze: „Nichts ist schöner, nichts ist fruchtbarer als die Ordnung ... Die Ordnung verschafft auf dem riesigen Schauplatz der Welt allen Dingen Wert und Rang und ist gleichsam ihre Seele. Die Ordnung ist in der Kirche Gottes der Nerv des corpus mysticum. Die Ordnung ist das stärkste Band im Staats- und Familienleben ... Wieviel Ordnungsgruppen oder Stände des menschlichen Lebens gibt es? Vier: den Stand des häuslichen, des wissenschaftlichen, des politischen und des kirchlichen Lebens. Daß von ihnen gleichsam wie von einem Viergespann sich das ganze Menschengeschlecht tragen lasse, hat Gott so gewollt, der Stifter und Begünstiger dieser Ordnung, dessen Freude es ist, mit den Menschen umzugehn“ (im Original lateinisch). Der Himmel ist ständisch geordnet mit Gott an der Spitze, Christus, Maria, Erzengeln und Engeln in abgestuften Graden. Auch in der Hölle gibt es Abstufungen, und Luzifer steht an der Spitze. Die Menschen sind von Natur durch Gottes Willen ungleich. Sie sind gesellschaftsständisch verschieden, der eine steht höher, der andere niedriger. Ein Adliger ist mehr als ein Bürger, ein König mehr als ein Adliger; das hat nichts zu tun mit Tugend, Reichtum oder Macht. Die Ständebeschreibungen, die im 16. Jahrhundert beliebt waren, wurden im 17. Jahrhundert fortgesetzt, bis zu Abraham a Sancta Clara, 1698. Für jeden Stand gibt es einen Idealtyp, und der Mensch wird danach beurteilt, wieweit er diesem entspricht. Weil die ständische Ordnung gottgewollt, ist Aufruhr gegen sie ein Verbrechen, und Luzifers Aufstand gegen Gott ist das Urbild solchen Geschehens. Als in

England 1649 Karl I. hingerichtet wurde, entsetzte man sich in Deutschland darüber, und Gryphius schrieb in diesem Sinne sein Drama „Ermordete Majestät oder Carolus Stuardus“; nicht, weil man diesen Fürsten als Persönlichkeit schätzte, sondern weil man die allgemeine Ordnung verletzt sah. In dem Drama sagen die Geister der früher ermordeten Könige:

> Herr, der du Fürsten selbst an Deine Statt gesetzet...
> Wird nicht durch unsern Fall dein heilig Recht verletzet?
> (Chor am Ende der I. „Abhandlung“)

Weil die Könige höher stehen als andere Menschen (und also näher bei Gott), empfindet man es als tragisch, daß auch sie den Mächten des Schicksals unterworfen sind wie andere Menschen; ihre Geschicke sind der Stoff für das Trauerspiel.

Die ständische Ordnung bringt eine Ordnung des Sprechens mit sich. Jedem Stand entspricht eine Nuance des Stils. Man spricht nicht nur einen Grafen anders an als einen Bürger, sondern stuft in vielerlei Einzelheiten ab, nach erlernten festen Gebräuchen. Deswegen gibt es die vielen Briefbücher und „Komplimentier-Büchlein“. (Das des Dichters Greflinger erreichte zwischen 1645 und 1700 sechzehn Auflagen.) Auch die Kunst erhält von daher ständischen Charakter, denn die vielen Gedichte an Personen, die Gedichte zu Hochzeiten und Todesfällen werden für gesellschaftlich eingestufe Adressaten geschrieben von Verfassern, die ebenfalls gesellschaftlich ihren festen Platz haben. Ein besonders häufiger Typ sind Dichtungen für Fürsten, meist von bürgerlichen Dichtern verfaßt. Das Leben des Fürsten ist Repräsentation. Dazu gehört sein Schloß, das tägliche Zeremoniell, der Hofstaat, das Fest. Auch die Dichtung hat hier ihren Platz, sie dient der Darstellung des höfischen Menschen. In den Dichtungen für Fürsten waltet also ein besonderer Stil; ohne diesen wären sie nicht repräsentativ. Man unterschied hohen, mittleren und niedereren Stil; der hohe Stil gehört in das Lobgedicht auf Fürsten und gehört zur Tragödie, die Fürstenschicksale darstellt. Der niedere Stil gehört zur Komödie, in dieser treten Bauern und niedere Stände auf. Das breite Gelegenheitsschrifttum der bürgerlichen Kreise – etwa Simon Dachs Gedichte für Königsberger Bürger – hält eine mittlere Lage ein.

Innerhalb der ständischen Ordnung hatte sich gegenüber früheren Zeiten ein Wandel vollzogen; der Gelehrte war noch im späten Mittelalter meist Priester und genoß als solcher das Ansehen seines geistlichen Standes. Seit dem Humanismus aber bestand – zumal in den protestantischen Gebieten – ein weltliches Gelehrtentum, das sich als „nobilitas literaria" seinen Rang neben der „nobilitas generis" erkämpfte; wer den – damals sehr seltenen – Doktor-Titel erwarb oder zum „poeta laureatus" gekrönt wurde, rückte ständisch-gesellschaftlich empor. Auf diese Weise wurde der Zusammenhang derjenigen Kreise, die damals für das Schrifttum bestimmend waren – der Höfe und der Gelehrten –, erleichtert. – Die Schicht der „Gelehrten" war dünn, desto lebhafter war ihr Zusammenhang untereinander. Das gelehrte Schrifttum war lateinisch und war international. Die geistige Welt, in welcher ein Gelehrter lebte, war nur Männern seinesgleichen zugänglich. Diejenige Seite des Ich, die man als besonders wertvoll empfand, forderte als Verstehenden den gelehrten Freund. Deswegen gibt es das ganze Jahrhundert hindurch in diesen Kreisen einen Kult der literarischen Freundschaft, „amicitia literaria". Jeder Gelehrte ist „amicus" und „amicissimus" von anderen Gelehrten, und wenn er ein Buch veröffentlicht, begleitet dieser Freundeskreis es mit vorgeschalteten Lob- und Glückwunschgedichten. Es gibt in der neulateinischen wie in der deutschsprachigen Dichtung der Zeit viele Gedichte auf Freunde; hiermit verglichen tritt in der Dichtung des 18. Jahrhunderts das Thema der Freundschaft in den Hintergrund, trotz des Freundschaftskults bei Klopstock und in den empfindsamen Kreisen. Auch Gelehrtenbriefwechsel wurden bereits vielfach gedruckt, zum Teil noch zu Lebzeiten der Verfasser. In der Schicht der „nobilitas literaria" bildeten sich örtliche Gruppen, zumal um die Hochschulen und Gymnasien. So erklärt sich der Zusammenschluß der Schlesier, die seit Monau, Dornau und Opitz eine literarische „Schule" bilden, und der Kreis der Königsberger um Roberthin, Albert und Dach. Da es noch keine Zeitschriften gab, hatte der Brief die Aufgabe, literarische Gegenstände zu vermitteln. In jedem Gelehrten lebte die Sehnsucht, zu Gelehrten an anderen Orten zu reisen; Besuche solcher Art blieben jahrzehntelang in Erinnerung und wurden in der „vita" als wichtige Ereignisse vermerkt. Meist machte man solche Reisen in jüngeren Jahren, und Briefwechsel versuchten dann, die Beziehungen fortzuführen. Ein Gelehrter hatte zu den Gelehrten anderer Orte meist engere Beziehungen als zu den Ungelehrten seiner Heimat. Die Breslauer Späthumanisten, aus deren Kreise Martin Opitz hervorging, wußten recht genau, was bei den Gelehrten in Leiden und Amsterdam vorging; was aber die Meistersinger in Breslau taten, wußten sie nicht, denn es war ihnen gleichgültig.

Das Schrifttum war in enger Verbindung nicht nur mit dem Stand der Gelehrten, sondern auch mit dem Stand des Adels, zumal mit den Höfen. Es gehörte zur Repräsentation, daß ein Fürst bei der Hochzeit oder bei der Rückkehr aus siegreichem Feldzug in Gedichten gefeiert wurde. Bei Todesfällen waren Gedichte unerläßlich. Selbst Leibniz hat es nicht für unter seiner Würde gehalten, Lobgedichte auf das Fürstenhaus, dem er diente, zu verfassen. Die Dichtung hatte auf solche Weise ihren festen Platz im Leben. Was bei den Adligen Sitte war, wurde von dem Bürgertum nachgeahmt. Bei Hochzeiten und Todesfällen brauchte man also kleine Drucke mit Gedichten. So trat beim Adel wie beim Bürgertum die Dichtung in eine gesellschaftliche Funktion. In den Gedichtsammlungen von Opitz bis zu Günther nehmen Dichtungen auf Hochzeiten und Todesfälle einen breiten Raum ein; bei Dach besteht fast das gesamte Werk aus Gedichten dieser Art. Geschehnisse im Kreise der Aristokratie wurden durch die Dichtung für diesen Gesellschaftskreis festgehalten. Wenn es Fürsten zu besingen galt, paßten sich auch so unhöfische Menschen wie der Königsberger Stadtbürger Simon Dach dem höfischen Stil an (Gedichte, hrsg. v. Ziesemer, Bd. 2, Nr. 124). Das richtige Setzen des Wortes für die Gesellschaft steht dem richtigen Sich-Benehmen, dem Gestalten der Repräsentation nahe. Darum gibt es im Barock öfters die Personalunion von Dichter und Zeremonienmeister (Weckherlin in Stuttgart 1616 und noch 100 Jahre später Johann Ulrich v. König in Weißenfels und Dresden) – ganz im Gegensatz zur Romantik: Da haßt der Künstler alles Zeremonielle und hält sich ihm fern. Dort ging man von der Sache aus, dem Setzen „richtiger" Form, hier von der Künstlerseele (von der man im Barock nicht gesprochen hat). So wirkte sich die ständische Ordnung in mannigfacher Weise auf die Dichtung aus, und zwar vorwiegend auf die weltliche Dichtung.

Die geistliche Dichtung wollte für die christliche Gemeinde da sein und war daher weniger ständisch gebunden. Daß sie dem Rang nach hoch, ja am höchsten steht, versteht sich aus ihrem Gehalt, und deswegen gehört zu ihr der „hohe Stil". Das Bühnenspiel gipfelt im geistlichen Drama, bei den Jesuiten und auch bei den protestantischen Dichtern wie Gryphius, sei es in lateinischer, sei es in deutscher Sprache: Es zeigt den Helden, der im Wirbel der Welt auf Gott blickt und sich nicht beirren läßt, selbst wenn um ihn die Flammen des Scheiterhaufens lodern. Der Roman liebt biblische oder legendäre Gestalten, welche wie in Zesens „Assenat" (einem Josefs-Roman) oder Grimmelshausens „Proximus und Lympida" sich rein erhalten und vorbildhaft durch das Leben gehen. Vor allem die lyrische Dichtung dient der Kirche und der Gemeinde. In den katholischen Landschaften blüht neben dem deutschen Kirchenlied immer noch die neulateinische Heiligen-Ode, die bei Balde zu hoher Kunst wird. Bei den Lutheranern und – gegen Ende des Barock – auch bei den Calvinisten entfaltet sich in reicher Fülle das Kirchenlied: Gerhardt, Nicolai, Heermann, Rist stehen zwischen einer erstaunlichen Menge Gleichstrebender. Es ist eine Dichtung, die ihren festen Ort im Leben der Gemeinde hat, geschrieben zum Singen, gedruckt nur in Gesangbüchern. Daneben entwickelt sich kraftvoll eine nicht-liedhafte religiöse Lyrik, gedruckt als individuelle Buch-Veröffentlichung, anspruchsvoll in der Form, für literarisch Interessierte: etwa die tiefsinnigen Sonette des Gryphius und die der Greiffenberg und die grüblerischen Zweizeiler des Angelus Silesius. Die Gesangbücher aller Bekenntnisse wurden von Theologen zusammengestellt; die meisten Kirchenlieddichter waren Geistliche; die Spielleiter der Jesuitendramen gehörten der societas an. Es war für einen Dichter die höchste Aufgabe, das Heilige zu verherrlichen; er durfte seine Arbeit als ein sacrificium empfinden. Es war selbstverständlich, daß die „geistlichen Poemata" höheren Rang hatten, als die „weltlichen"; sie wurden deswegen vor diesen gedruckt. Die geistliche Lyrik in sich ist meist nach einer Ordnung aufgebaut, die von der Sache herkommt: Es ist das geistliche Jahr oder die Rangordnung der Trinität, der Engel, Heiligen usw., jedenfalls nie eine entstehungsgeschichtliche Anordnung, wie sie Klopstock 1771 brachte.

In besonderem Maße waltete der barocke Ordo-Gedanke schließlich in der geistigen Welt der Wissenschaft und Kunst. Alle ihre Gebiete wurden als Teile einer großen Gesamtwissenschaft gesehn, deren Aufbau uns wie ein schwer übersehbarer Riesenbau erscheint. Es gab die „Instrumentalwissenschaften" Grammatik, Logik und Rhetorik (einschließlich der Poetik), denen sich Physik, Astronomie, Ethik usw. als Fächer der „Artistenfakultät" anschlossen. Über diesen bauten sich die „Realwissenschaften" auf, Rechtswissenschaft, Medizin und Theologie, wobei natürlich Theologie den höchsten Rang einnahm. – Dieser Systembau brachte gewisse Folgen für das Studium mit sich. Jeder, der Medizin, Jurisprudenz oder Theologie studieren wollte, mußte zunächst etwa zwei Jahre lang die Instrumentalwissenschaften an der „Artistenfakultät" treiben und hier eine Prüfung als Baccalaureus und möglichst auch als Magister ablegen. Zum Bilde des vollkommenen Gelehrten gehörte es, den hier erworbenen Umgang mit literarischen Dingen auch späterhin nicht zu vernachlässigen, und so haben Theologen, Mediziner und Mathematiker oft für ihre

Freunde lateinische Hexameter verfaßt, um deren Büchern die üblichen Begleitverse beizugeben. Der Unterricht in Grammatik ging vom Lateinischen aus, und da das grammatische Denken allen geläufig war, straffte sich von da aus auch das Satzgefüge im Deutschen. In der Logik waren die Anforderungen schon auf der Oberstufe der Gymnasien hoch, erst recht auf der Universität; galt doch die logische Zucht des Geistes als bestes Mittel, das Seiende in seinem Aufbau zu erkennen und die Gedanken Gottes nachzuvollziehen.

Neben der Grammatik und der Logik stand als dritte Elementarwissenschaft die Rhetorik, die Lehre vom richtigen Sprechen. Sie lehrt, welche Wörter (verba) zu setzen sind, um die Sachen (res) richtig zu bezeichnen, und sie lehrt, welche Wörter und Wendungen zu dem hohen, mittleren und niederen Stil gehören. Sie fängt mit einfachen Dingen an, indem sie Anredeformen und Briefschlüsse mitteilt, und steigt auf bis zu Anweisungen, wie eine Rede und eine Predigt zu gestalten sei. Hier schließt die Poetik an; ähnlich systematisch ausgebaut sind Musiktheorie, Architekturlehre usw., welche man meist schon der Gruppe der Realwissenschaften zurechnete.

Jede Kunsttheorie hat im Rahmen des barocken Weltbildes die Aufgabe, die Kunst des Mikrokosmos so zu gestalten, daß sie dem Makrokosmos entspricht. Besonders klar zeigt sich das in der Musikauffassung. Kepler stellt in seiner „Weltharmonik" fest, daß die menschliche mehrstimmige Musik in Analogie steht zu der Musik der Planeten. In ähnlicher Weise hat der Jesuit Athanasius Kircher die Gesetze der Harmonielehre kosmisch begründet. Die Pansophen wurden zu Musiktheoretikern und die Musiktheoretiker zu Pansophen. Die vollkommenste Harmonie ist der Dreiklang; er ist unveränderlich und durch nichts zu vervollkommnen, denn er ist Abbild der göttlichen Dreieinigkeit. Roberthin sagt in der „Musikalischen Kürbishütte", 1645, von den Tonsätzen Heinrich Alberts, sie seien „Vorschmack süßer Ewigkeit", d. h. irdischer Spiegel der Engelchöre des Himmels. Regnart setzte einmal einen Chorsatz neunstimmig, denn im Himmel gibt es drei dreigeteilte Hierarchien, und diese wollte er andeuten. – Durch das Barock geht die alte Vorstellung, Musik sei ein Heilmittel, denn wenn man einen Menschen ihr aussetze, werde er einbezogen in ihre Harmonie, die irdisches Abbild der Weltharmonie sei. In diesem Sinne sagt die frühbarocke Dichterin Elisabeth Westonia, die am Kaiserhof in Prag lebte, in einem Gedicht auf den Kapellmeister Philipp de Monte (einen der großen Meister des strengen polyphonen Stils):

Quid verbis opus est? conservat Musica sanos,
Dispellit morbos, firmat amicitias.
Mentis ad obsequium sensus deducit, et ipsum
Ad superos mentem voce sonante trahit.

Was bedarf es weiterer Worte? Musik erhält die Gesunden,
Sie vertreibt Krankheiten, sie festigt Freundschaften.
Sie führt die Sinne in die Ordnung des Geistes, und diesen
Zieht sie mit tönender Stimme zum Göttlichen empor.

In ähnlichem Sinne äußert sich Johann Rist 1666 im 4. Teil seiner „Monatsgespräche": „Es muß gleichwohl ein jedweder vernünftiger Mensch bekennen, daß das ewige himmlische Licht, der allergrößeste Gott sei der wahre und einzige Ursprung aller Harmonien und Übereinstimmung, denn die Harmonie hat ihre Ordnung und erreichet die Einigkeit. Nun ist ja Gott der Anfänger und Fortsetzer aller Ordnung, dabenebenst auch die höheste Einigkeit. Was mehr! Gott ist die allerhöheste und unaussprechlichste Freude ... Was ist aber eigentlich Freude? Nichtes anders als eine rechte Harmonie oder Übereinstimmung, welche durch kein besseres Mittel als durch die edle Musik in den menschlichen Herzen kann erwecket und fortgesetzt werden." (Werke, Bd. 5, 1974, S. 320f.) –

Da die Weltharmonik etwas Polyphones ist, achtete man in der Musik besonders auf die Polyphonie. Was seit dem 18. Jahrhundert als besonders verdienstlich gilt, das Finden einer Melodie, galt damals wenig. Als Spiegel kosmischer Musik sind die Tonsätze jener Zeit formklar und streng (wie die Philosophie); nicht nur die geistlichen, sondern auch die weltlichen; denn Abbild eines kosmischen „ordo" sind ja auch diese.

Die Zurückführung menschlicher Kunst auf eine höhere Ordnung zeigt sich auch in der Theorie der bildenden Künste. Drei ist ein heilige Zahl; daher hat ein gutes Gebäude drei Teile. Das Kreuz ist ein heiliges Zeichen, daher wird es zum Grundriß für den Kirchenbau. Doch auch der Kreis ist heilig als Zeichen der Einheit Gottes und des ihm ebenbildlichen Menschen. Der Gedanke der Ebenbildlichkeit führte dazu, die Proportionen des menschlichen Körpers zu untersuchen und mit makrokosmischen Proportionen in Analogie zu setzen, um einen Kanon objektiver Schönheit zu finden. Dabei zeigte sich die Bedeutung des „Goldenen Schnitts". Nahm man noch hinzu, was in der Bibel geschildert war – und also vorbildlich sein mußte –, so vermehrte sich die Zahl der Grundregeln weiterhin. Die Beschreibung von Noahs

Arche (1. Mos. 6,14ff.) und die von Salomos Tempel (1. Kön. 6) galt als eine Art Grundlegung der Baukunst. Es erscheint heutigen Augen so, als sei der Sprung von der Theorie zur Praxis oft etwas weit gewesen. Hinter manchem Bauwerk steckt mehr Proportions-Spekulation, als ein unbefangener Blick heute sieht. Die Bauten des Frühbarock zeigen durchweg den Willen zur Ordnung, zu Maß und Harmonie. Erst im Spätbarock werden diese Züge mitunter durch das Beiwerk des Dekorativen überwuchert. Immer aber ist im Bauwerk – zumal wenn es mit Park und Straßen weit in die Landschaft hinausreicht – der Mensch der Ordner der Welt, mit dem Selbstbewußtsein, von Gott als „Auszug" des Alls, als „quinta essentia" des Kosmos geschaffen zu sein. Ist die Welt das „theatrum", auf dem er seine Rolle richtig zu spielen hat, so ist das Bauwerk es in gesteigerter Form: Es fordert dazu auf, sich so zu bewegen, wie es Schicklichkeit, Rang und Würde verlangen.

Auf welche Weise konnte man nun auch für Sprache und Dichtung eine makrokosmische Begründung finden? Für Musik und Baukunst konnte man aus der „Weisheit Salomos" zitieren: „Du hast alles nach Maß und Zahl und Gewicht geordnet" (II, 21). In der Dichtung ist mit Maß und Zahl wenig zu ordnen, es sei denn die Verskunst; für diese hat Kepler in der Tat makrokosmische Hintergründe gesucht (Weltharmonik, übers. v. Caspar, 1939, S. 152 u. 222). Die Sprache konnte man nicht von der Sphärenharmonie ableiten. Jacob Böhme geht davon aus, daß es im Johannes-Evangelium heißt „Im Anfang war das Wort" und in der Genesis „Und Gott sprach". Mit einem Wort also rief Gott die Dinge ins Sein. Seine Sprache traf das Wesen der Dinge. Adam vor dem Sündenfall hat diese Sprache gekannt, die „Natursprache". Später kam der Sündenfall und die babylonische Sprachverwirrung. Seither gibt es viele Sprachen, ein Ding heißt in der einen so, in der anderen anders, und nur noch selten klingt ein Wort ein wenig an die ursprüngliche Natursprache an. „Die Sprache der Natur ... ist die Wurzel oder Mutter aller Sprachen, die in dieser Welt sind, und stehet die ganze vollkömmliche Erkenntnis aller Dinge hierinnen. Denn als Adam erstlich geredet hat, so hat er allen Kreaturen nach ihren Qualitäten und instehenden Wirkungen den Namen gegeben" (Aurora 20,90f.). Böhme versucht, durch mystische Schau dieser Natursprache näherzukommen. Ihm schwebt eine Sprache vor, welche die Dinge symbolisiert und ihre „signatura" trifft. Doch dies blieb – wie konnte es anders sein? – ein suchender Ansatz; und seine Nachfolger, weniger tief, gelangten erst recht nicht weiter. Hatte er nach Lautsymbolik gesucht, so kamen sie nur zu Lautmalerei: Die Schwalbe zwitschert, der Bach rauscht, das Gewitter donnert. Aber man fühlte, daß auf diesem Wege nicht zum „richtigen" Wort, zu allgemeinen Gesetzen der Sprache oder gar der Dichtung vorzustoßen sei. Aus der Natur waren die Gesetze der Sprache nicht abzuleiten. Doch Gott hatte selbst gesprochen durch die Bibel. Die Psalmen wurden zum Vorbild der Dichtung. Von ihnen und von der bildhaft-kraftvollen Sprache des neuen Testaments kommt unendlich viel Gut in die Barockdichtung. Man übernahm die einzelnen Wörter und Wendungen, setzte sie aber neu zusammen. Und ähnlich wie in der Theologie sich die Heilsbotschaft mit dem denkerischen Erbe der antiken Philosophie verbunden hatte, so vermischt sich in der Dichtung der Schatz biblischer Motive und Wendungen mit dem Formenschatz lateinischer oder deutscher Dichtung und wird zur neulateinischen Ode oder zum deutschen Kirchenlied.

Man wollte aber nicht nur Vorbilder, sondern auch Vorschriften für das Dichten. Wie die Rhetorik die Prosa regelt, so die Poetik die Poesie. Es hat in keinem Jahrhundert so viele Lehrbücher der Dichtung gegeben wie im Barock. Von Opitz, 1624, führt ihre Reihe über Treuer, Tscherning, Buchner, Harsdörffer, Klaj, Birken, Zesen, Schottel, Kindermann, Stieler, Morhof, Neukirch u. a. bis zu Gottsched, 1730. Alle diese Werke enthalten Anweisungen für den „poeta", d. h. den Kunstdichter, der europäisches Literaturniveau einhalten will. Sie bringen Kapitel über die Gattungen wie Tragödie, Komödie, Epos, Epigramm, Elegie usw. Ausführlich wird immer über Vers- und Strophenformen gehandelt; besonders auch über den Schmuck der Verse, „de ornatu versuum", wie bildhafte Ausdrücke und kunstvolle Stilfiguren. Auch die Erfindung, „inventio", wird geregelt, damit sie sich sogleich in die feste Ordnung der Gattungen einfügt und zu dem Gegenstand das rechte Wort wählt. Alle diese Werke sind Lehrbücher, aus denen man lernen sollte und auch gelernt hat. Ein Gelehrter mußte dichten können, und der Dichter mußte gelehrt sein. Opitz schreibt, es sei „verlorene Arbeit", wenn man zu dichten versuche ohne Kenntnis der antiken Dichtung und ohne Beherrschung der Poetik (Poeterei, Kap. IV). Man erlernte die dichterischen Formen schon auf dem Gymnasium, und die Universität setzte diesen Unterricht fort. Daß alle Dichtung des 17. Jahrhunderts, auch die Dutzendware, formalen Schliff hat, geht auf diese frühe und gründliche Schulung in der Poetik zurück. Es kam vor, daß künstlerisch unbegabte Gelehrte korrekte Alexandriner bauten, aber es kam nicht vor, daß künstlerisch begabte Menschen unkorrekt in der Form waren. Da es keine „freien" Rhythmen gab, sondern nur feste (d. h. unter einander gleiche) Verse und Strophen, kam es auf die Sauberkeit der Entsprechungen an. Quirinus Kuhlmann, dessen Dichtung uns visionär und ekstatisch erscheint, hat im Bau komplizierter Verse und Strophen niemals auch nur eine einzige Silbe verfehlt. Niemand kam damals auf die Idee, ein Dichter müsse vor allem aus seinem Innern schöpfen; vor allem mußte er die Dichtung schulmäßig erlernen, und dabei in erster Linie die Metrik.

Das Autoritätsdenken des Barock – man macht sich nur schwer eine Vorstellung, welche Rolle die „auctoritates" damals spielten – bezog sich nicht nur auf die Bibel; in weltlichen Dingen wie der Poetik erstreckte es sich auch auf das Altertum. Während die Bibel Beispiele für Dichtungen bot, besaß das antike Schrifttum außerdem solche für die Poetik. Man empfand es nicht als Störung des christlichen Gehalts, wenn man in der Form von den Griechen und Römern lernte. So kam es, daß man in der Dichtungslehre an Aristoteles, Horaz, Quintilian anknüpfte, freilich nicht immer unmittelbar, sondern auf dem Weg über die neulateinischen Poetiken, deren berühmteste die des Franzosen Julius Caesar Scaliger von 1561 war. Von hier gingen nun die Poetiken für die Nationalsprachen aus, in Frankreich seit dem Kreise der Pleiade, in Deutschland seit Opitz. Der Erfolg war, daß man manches forderte, was ungewohnt war, und manches vergaß, was lebendig war. Man hat das ganze Jahrhundert hindurch ausführlich über das Epos gehandelt und es als höchste Gattung gepriesen, aber es wurde kein nennenswertes Epos gedichet. Dagegen entfaltete sich die Gattung des Romans, diese aber wurde in den Poetiken nicht behandelt, da die „auctoritates" Aristoteles, Horaz, Scaliger usw. nichts über sie sagten. Die neulateinische Dichtung knüpfte unmittelbar an die Antike an und war international. Was man in ihr verwirklichte, forderte man nun auch von den nationalen Sprachen. So ergab sich, daß man als Beispiele für die Gattung der Elegie Werke von Ovid, Petrus Lotichius und Opitz nebeneinanderstellen konnte, d. h. von einem antiken Lateiner, einem Neulateiner des 16. Jahrhunderts und einem deutschen Dichter, der den Typ der lateinischen Elegie in anderer Sprache und mit anderen Mitteln (Alexandrinern statt Distichen) nachzuahmen versuchte. Die „exempla" für Gattungen und Stilfiguren wurden als zeitlos behandelt und also aus der griechischen, lateinischen, neulateinischen, französischen, niederländischen Dichtung gewählt. Auf diese Weise wurde dem Deutschen manches als

Vorschrift und Vorbild zugemutet, was zunächst recht fremd war und nicht leicht verarbeitet werden konnte.

Im 16. Jahrhundert hatte es zwei Schichten der Dichtung gegeben, die volkstümliche deutsche (gekennzeichnet etwa durch Hans Sachs, die Volksbücher und Volkslieder) und die gelehrte lateinische (zu der z. B. Celtis, Johannes Secundus und Frischlin gehörten). Die deutsche Dichtersprache konnte damals den frischen, freien Mut des wandernden Handwerksgesellen aussprechen, den bürgerlich-bunten holzschnittartig-kräftigen Lebenskreis eines Hans Sachs und Jörg Wickram und als Höchstes die religiöse Welt des Kirchenliedes: das kraftvolle „Ein feste Burg ist unser Gott" und das liebliche „Vom Himmel hoch da komm' ich her" bei den Lutheranern; das innige „Ave Maria klare, du lichter Morgenstern" und das schlichte „Nun lobet Gott im hohen Thron" bei den Katholiken. Die neulateinische Sprache der Humanisten konnte die verfeinerte Kunstfreude, das ästhetische Freundschaftsempfinden, die geistige Weite der Gelehrten aussprechen, geschult an der Sprache des späten Altertums, die eine durchgeformte Stilistik besaß und bereits zu manieristischen Übersteigerungen neigte. Im Neulatein, wo es sich um eine fremde Sprache handelte, um Zierlichkeit, Richtigkeit und neue Zusammenstellung, waren antikisierende Rhetorik und Poetik am Platze. Doch nun wurden die gleichen Forderungen an die deutsche Sprache herangetragen. Die volkstümliche Sprache des Hans Sachs und Wickram führte am Ende des 16. Jahrhunderts zu keinen bedeutenden Dichtungen mehr. Die Gelehrten gewannen die Führung und erhielten Rückhalt an den Höfen, welche ihrerseits eine höfische Kunst anstrebten. Die deutsche Barockdichtung nimmt ihren Anfang dadurch, daß die deutschen Neulateiner um 1625 zur deutschen Sprache übergehen; sie nehmen sich vor, die bisher lateinisch gesagten Dinge deutsch zu sagen und dabei so formvollendet, so zierlich, so kunstvoll zu sprechen, wie bisher als Neulateiner und wie die von ihnen bewunderten neueren Dichter in Frankreich, Italien und Holland. Sie verwarfen es, an die bestehende volkstümliche Kunst (von Art eines Sachs, Fischart oder Wickram) anzuknüpfen, und standen also sprachlich fast vor einem leeren Bereich. Sie waren Neuschöpfer und waren darauf nicht wenig stolz. (Manches konnten sie aus Holland übernehmen.) Doch da sie nun deutsch schrieben, konnte nicht ausbleiben, daß die Sprache, die sie vorfanden, auf ihre Dichtung einwirkte, gleichwie sie umgekehrt auf die Sprache einwirkten und sie grammatisch durcharbeiteten, schmeidigten, strafften und pointierten. So wurde mehr als hundert

Jahre lang das deutsche Sprachgut in der von Gelehrten verwalteten Sprachlehre und Dichtung durch vielerlei Fremdes zur Gärung gebracht und geläutert; dann konnte es im 18. Jahrhundert bereichert, beschnitten, geordnet, geglättet an die Generation von Klopstock und Wieland übergehen, die eine solche Sprache brauchten, um sie dann in neue Möglichkeiten hinein steigern zu können.

Der Grund dafür, daß die Poetiken des Barock normsetzend und nicht historisch vorgingen, beruht darin, daß es ein historisches Denken im modernen Sinne damals noch nicht gab. Man hatte aus dem Alten Testament errechnet, daß die Schöpfung der Welt etwa 3958 Jahre vor Christi Geburt erfolgt sei. Aus dem Buche Daniel (Kapitel 7) und der Apokalypse folgerte man, daß die Weltzeit sich in vier Weltreichen abspiele. Man befand sich in der Epoche des vierten, des „Römischen" Reiches. Es konnte nicht mehr lange sein bis zum Ende der Welt; manche berechneten, es werde noch vor dem Jahre 1700 kommen. Bei dem Jüngsten Gericht erwartete man die Frage, ob man gut oder böse gewesen sei; das hatte nichts damit zu tun, in welchem Jahrhundert man gelebt hatte. Immer wieder ereignete sich im Laufe der endlichen Weltgeschichte das im Grunde Gleiche. Diese „Universalia" (Typen, Stände) in der Vielheit der Dinge erkennen die Philosophen und Theologen, und die Dichter stellen sie dar. Einer der großen Systematiker der Zeit, Bartholomäus Keckermann, der den Riesenbau sämtlicher Wissenschaften beschrieb, hat gesagt, warum „Historia" nicht als eigenes Gebiet in diesem Gesamtbau zu finden sei: Wissenschaft ist nur da, wo es sich um das Allgemeine, die „Universalia" handelt. „Historia" aber bringt nur die Einzelheiten, die „Realia", und liefert dadurch die „Exempla". Sie ist eine Hilfswissenschaft, insbesondere für die Philosophia moralis und für die Eloquentia (einschließlich Homiletik), die beide immer der „Exempla" bedürfen. Johann Rist sagt: „Die Historien werden für eine Meisterin der Weisheit und Tugend gehalten ... Also bleiben sie, wie das Axioma politicum lautet, testes malorum facinorum et custodes virtutum, das ist: Zeugen böser und schändlich begangener Laster und Hüterin der edlen Tugenden. Wannenhero die Exempel ... einen jedeweden unterrichten, was er ... tun und treulich vermeiden soll." (Werke, Bd. 6, 1976, S. 342) Ein im 17. Jahrhundert oft aufgelegtes Werk ist die „Historische Chronik" von Johann Ludwig Gottfried, die erstmalig 1630–34 erschien. Sie ist, wie der Untertitel sagt, „Beschreibung der fürnehmbsten Geschichten, so sich von Anfang der Welt bis auf unsere Zeiten zugetragen". Der Plural „Geschichten" ist bezeichnend. Das historische Geschehen wird dargestellt als eine Reihe einzelner „Geschichten". Das Vorwort sagt, man solle moralische Belehrung daraus erhalten, und der Text hat am Rand Stichworte wie „Exempel der Rach Gottes" (II,232), „Dem Meister wird sein Lohn" (II,21), „Betrug kommt an den Tag" (II,25). Diesen „Exemplum"-Charakter des historischen Faktums kann man auch an den barocken Dramen ablesen. Sie benutzen oft geschichtliche Stoffe, aber nicht, um Geschichte (im modernen Sinne) darzustellen, sondern um einen allgemeinen moralischen Verhalt zu erläutern. Für diesen wird ein „Exemplum" aus der Geschichte gewählt. Deswegen die barocken Doppeltitel; der eine nennt den allgemeinen Verhalt, der andere das reale „Exemplum". Gryphius nennt ein Drama „Catharina von Georgien oder Bewährete Beständigkeit", und Avancini in Wien schreibt „Pietas victrix sive Flavius Constantinus magnus de Maxentio tyranno victor" (Die siegreiche Frömmigkeit oder Flavius Constantinus, der Sieger über den Tyrannen Maxentius). Man stellte also unbefangen aus der ganzen Weltgeschichte „Exempla" dar, um mit deren Hilfe moralisch zu belehren.

Man sah den Menschen von der Weltordnung her, und die von Gott geschaffenen „Stände" gaben die Themen der Dichtung. Daher ist die Barockdichtung weitgehend Typenkunst; sie braucht für die „Sache" die gemäße Gattung und die gemäßen Wörter. Man ist nicht darauf aus, den Kreis der Motive möglichst groß zu gestalten, sondern die Kunst liegt in der Variation. Die geistliche Dichtung, sei es als deutsches Kirchenlied, sei es als lateinische Ode, ist auf gewisse Themen beschränkt, die zumal durch das Kirchenjahr gegeben sind: Lieder zu Weihnachten, Ostern und Pfingsten, zum Morgen und Abend usw. Diese Themen sind im Kirchenlied hundertfach neu gestaltet, ebenso wie man auf Altargemälden immer wieder die Kreuzigung oder die Madonna darstellte. Es kam nicht darauf an, Neues zu erfinden, sondern das zeitlose Wahre noch einmal, und zwar möglichst gut und für den Kreis der jeweils Singenden oder Hörenden geeignet in Worte zu fassen. Ähnlich ist es mit andern Themen: Geburt und Tod, Krankheit und Krieg, Liebe und Hochzeit werden immer wieder dichterisch dargestellt, und einer knüpft dabei an den andern an. Zum Wesen dieser Kunst gehört, daß sie Traditionalismus ist – und noch etwas anderes gehört zu ihr: ihr Ordnungsgefüge. So wie in der geistlichen Dichtung Christi Geburt und sein Kreuzestod, des Menschen Sünde und Erlösung an ihrem Orte stehen, so auch in der weltlichen Dichtung die ständig wiederkehrenden Motive: Liebe, Freundschaft, Natur, Lebensgenuß usw. Ihr Wert – oder Unwert –

mag verschieden sein, sie haben im Gesamtgefüge der Welt ihren Ort, und da die Dichtung dieses Gefüge spiegeln will, hat auch in ihr alles seinen Ort, sogar das „Sauf-Lied", das in diesem Jahrhundert (etwa bei Adam Krieger) höchsten Schliff und Glanz erhält – gleichsam zum Zeichen, daß alle Kunst um den „ordo" weiß.

Eine Gattung, die ihrem Wesen nach überpersönliche Kunst ist und eben darum in dieser Zeit zur höchsten Entfaltung kam, ist das Kirchenlied. Es hat altüberlieferte Themen und Formulierungen, es gehört einer Gemeinschaft von Singenden und spricht Dinge aus, die für jeden einzelnen Geltung haben. Die barocken Kirchenlied-Dichter haben meist Bestehendes neu bearbeitet – auch Johann Sebastian Bach hat vielfach alte Choralmelodien neu gesetzt –, und in der Art, wie sie dies taten, liegt ihre Größe und bleibende Leistung, von Rinckarts frühbarockem „Nun danket alle Gott" bis zu Neanders „Lobe den Herren". Von den 333 barocken Liedern, die heute im evangelischen Gesangbuch stehen, stammen 93 von bekannten Dichtern (Gerhardt, Dach, Heermann, Rist, Gryphius, Neander, Schmolck), 240 aber von Verfassern, die kaum als „Dichter" hervorgetreten sind, meist Pfarrern, denen einmal ein gutes Lied gelang. Die allgemeine Ordnung, die in dieser Kunst lebte, war so stark, daß sie ein Versagen des einzelnen fast unmöglich machte. Das zeigte sich auch an Christian Friedrich Henrici, der 1728 den Auftrag erhielt, für Bach den Text der Matthäuspassion zusammenzustellen. Er war ein für Geld schreibender, nicht immer ehrenwerter Vielschreiber, und doch wurde sein Werk fähig, Bachs Musik zugrunde gelegt zu werden, denn die objektive Festigkeit der Gattung gab auch kleinen Dichtern Stütze und Halt. Das war das Große dieser Kunst.

Auch die weltliche Dichtung, die entsprechend dem Sinn für Würde und Rang hinter die „Geistlichen Poemata" gestellt wurde, meist als zweiter Band, ist getragen durch den Gedanken einer allgemeinen Ordnung, und alles, was in ihr dargestellt wird, ist nichts Einmalig-Besonderes, sondern gehört einem Typ, einem Stand an. Lobgedichte auf Fürsten preisen den Stand, weniger das Individuelle. In Gedichten an Freunde oder Frauen will man nicht den Menschen in seiner Eigenart schildern, sondern ihn ehren, und das tut man am besten, indem man die Gattungsgesetze des Lobgedichts einhält und das Bisherige dieser Art überbietet. Auch in der Liebesdichtung darf man also nicht das Persönliche suchen; daß ein Mann eine Frau liebt, daß er Gegenliebe findet oder Verschmähung, das sieht man als ewige Themen. Auch das persönlich Erlebte spricht sich demgemäß typisiert aus. Dutzendfach wird das Thema wiederholt, daß der Liebende nachts verzweifelt umhergeht, während seine Geliebte schläft und sich nicht um ihn kümmert; immer wieder gibt es Gedichte „Auf ihre Augen". Da das Gedicht nicht einen Hauch von Gegenwart oder Stimmung einfangen will, sondern die Angesungene rühmen will, greift es zu den gesellschaftlich üblichen Stilmitteln: Die Stirn wird verglichen mit Schnee, die Augen mit Sternen, die Hände mit Alabaster.

Bei solchen Gedichten nimmt jeder Dichter das Beste, was er bei seinen Vorgängern findet, und setzt es neu zusammen. Man will auf diese Weise das bisher Geleistete möglichst noch überbieten. Der Begriff des „Plagiats" hatte in dieser Welt noch keine Bedeutung; diese bekam er erst im 18. Jahrhundert, als Entsprechung zu dem Begriff des „Originalen" und des „Genies". Barockdichtung ist nicht Bekenntniskunst, die von Erlebnissen des Ich spricht, sondern ist getragen durch die Vorstellung, daß alles, was geschieht, einem Stand, einem Typ angehört. Darum werden ebenso wie in der Malerei auch in der Dichtung die Themen von einem zum andern weitergegeben und dutzend- und hundertfach abgewandelt.

Natürlich gab es bei den Dichtern das persönliche, besondere Erlebnis, ohne dieses hätte es die Dichtung nicht gegeben; aber man filtrierte es, bis das Allgemeine übrig blieb. Natürlich gab es eine Neigung, das Besondere, Einmalige, Erlebte auszusprechen, aber man ließ sie nur selten zum Zuge kommen, und wenn man ihr nachgab, dann meinte man, solche Dinge zeige man besser nicht vor. Georg Neumark schrieb sein Lied „Wer nur den lieben Gott läßt walten" aus dem Erlebnis einer Errettung aus Not, aber der Text spricht nur ganz allgemein von Gottvertrauen und Hilfe, und erst im Alter sagte Neumark einmal – ganz nebenher –, daß dieses Lied aus ganz persönlichen Erlebnissen heraus entstanden sei („Thränendes Hauskreuz", 1681, in einer Anmerkung). Es gibt von Czepko eine Leichenrede in drei Fassungen: Die beiden Manuskripte enthalten persönliche Gedanken über den Tod, der Druck ist eine höfische Prunkrede mit Lobsprüchen und rhetorischen Beispielen (Milch, Czepko, S. 81). Simon Dach hat einige Gedichte gemacht, die in ihrer Gegenständlichkeit und Herzlichkeit sein unmittelbares Erleben aussprechen; eben deswegen haben er und seine Schüler sie nie zum Druck gebracht; sie sind erst im 20. Jahrhundert veröffentlicht und uns heute die liebsten seiner Dichtungen, es ist die „Klage über den Untergang der Kürbishütte", mit ihren entzückenden Bildern aus dem Leben des Freundeskreises, und die „Dankbarliche Aufrichtigkeit an Roberthinen" mit der eindringlichen und offenherzigen Darstellung des Freundschaftsverhältnisses (Dach, hrsg. v. Ziesemer, Bd 1, 1936, Nr 92 u. 171). Unter Weckherlins Werken scheinen seine Jahreszeitengedichte, diese prallen Bilder schwäbischen Landlebens, damals sehr viel weniger Erfolg gehabt zu haben als die höfisch-repräsentativen Gedichte, die im rhetorischen Stil bleiben. In diesem Punkt ging die Entwicklung in Holland andere Wege. Hier wagte sich eine gegenständliche Darstellung des Hier und Jetzt, eine lebensnahe bürgerliche Welt schon seit dem Jahrhundertbeginn hervor, bei Frans Hals in der Malerei, bei Bredero in der Dichtung. In Deutschland verlief die Entwicklung anders. Die Hauptlinie der barocken Dichtung ist repräsentativ, öffentlich, rhetorisch, auf das Allgemeine gerichtet. Sie geht in der Lyrik von Opitz und Weckherlin über Gryphius und Zesen zu Hofmannswaldau; im Drama gipfelt sie in den Ordensdramen eines Biedermann und Avancini und den Exempla-Stücken des Gryphius. Auch der Roman ist gesellschaftlich, höfisch und rhetorisch von Opitz bis zu Anton Ulrich von Braunschweig; die volkstümliche Linie, die von Niklas Ulenhart zu Grimmelshausen führt, war damals eine Nebenströmung, während wir heute sie herausheben.

Völlig entzogen hat sich der Rhetorik in dieser Zeit nichts, zu tief steckte der Wille zur großen, repräsentativen und richtigen Form in ihr. Der geblümte Stil drang sogar ins Volkslied, wie die Sammlung „Venusgärtlein" zeigt. Auch Grimmelshausen, der volkstümliche Erzähler, ist weitgehend von der Rhetorik bestimmt. Der Höhepunkt seines Werkes, die Rede des Simplex, als dieser nach der Weltfahrt ins fromme Einsiedlerleben zurückkehrt, ist seitenlanges Zitat aus der Übersetzung eines spanischen asketischen Traktats: „Adieu Welt! denn auf dich ist nicht zu trauen, noch von dir nichts zu hoffen..." Diese rhetorische Weltabsage steht sprachlich im Gegensatz zu den Erzählpartien, die bunt und gegenständlich sind, von Gestalten wimmelnd wie Bilder Brueghels; und sie steht gehaltlich im Gegensatz zu den Versuchen des Herzbruders, des alten „Knän" und des Simplex selbst (in den „Continuationen"), innerhalb der Welt durch ein tüchtiges sittliches Leben etwas Gutes zu verwirklichen. Daß heute der „Simplizissimus"-Roman wieder ein beliebtes Buch ist, gründet auf Seiten des Werks, die für den Verfasser selbst wohl nicht im Vordergrund standen. Er hat diesen Roman anonym in die Welt gesandt. Seinen Namen nannte er bei den Romanen „Dietwald und Amelinde" und „Proximus und Lympida"; diese wollen repräsentativ sein und suchen sich dem höfischen Stil anzugleichen; heute sind sie fast vergessen.

Die besonderen Stilmittel der Zeit, die Bildlichkeit, die Häufung und der festliche Alexandriner-Langvers erfüllen vorzüglich die Funktion, den besonderen Gehalt dieser Dichtung auszusprechen. Die ganze Barockdichtung ist bildlich, emblematisch. Wenn Czepko ein Frühlingsgedicht macht, zählt er nicht nur auf, daß die Sonne höhersteigt, der Schnee verschwindet, die Vögel singen, sondern fügt hinzu, was dies bedeutet: Man solle innerlich-geistlich lichter werden, die Sünden verlassen, Gott lobsingen. Das Bild weist auf die geheimnisvollen Beziehungen im All. Joachim Camerarius veröffentlichte 1593–1605 ein Werk, das 400 „Emblemata" aus dem Reich der Pflanzen, Landtiere, Vögel und Wassertiere darstellte, es erlebte bis 1697 zahlreiche Auflagen. Und des Italieners Filippo Picinelli „Mundus symbolicus", 1653, wurde in Deutschland in den Jahren 1681 bis 1729 sechsmal gedruckt: Dieses Werk ordnet die ganze Welt nach „Sachen", anfangend mit Himmel und Sonne bis zu den einzelnen Pflanzen und Tieren, ja zu den Hausgeräten und erläutert jedesmal, was sie emblematisch „bedeuten", wobei entsprechende Beispiele aus alten und neuen Schriftstellern angeführt werden. Die Gattung der Emblemata-Bücher gab es nur im Barock, weil sie mit dem spezifisch barocken Weltbild zusammenhängt. Eine brennende Kerze ist Sinnbild für einen Menschen, der sich im Dienste für andere verzehrt. Ein Palmbaum ist Sinnbild dafür, daß man aufrecht und gerade der Sonne (Gott) entgegenwachsen und dabei mit allem – Früchten, Blättern, Holz – anderen (den Menschen) nützlich sein solle. Wenn also die „Fruchtbringende Gesellschaft" als Wappen einen Palmbaum wählte mit dem Satz „Alles zum Nutzen", so wußte damals jeder, wie das gemeint sei. Das Palmbaum-Emblem war so bekannt, daß es sogar in dem volkstümliche Lied „Anke van Tharau" seinen Platz hat („Recht as een Palmen-Bohm äver söck stöcht ..."). Die Bildlichkeit in der Dichtung hängt mit den Emblemata-Büchern zusammen. Sie behält den pansophischen Hintergrund bei Czepko, Gryphius und Scheffler; bei anderen wie Opitz und Zesen ist unter dem Einfluß neulateinischer, italienischer, französischer Poetik und Dichtung eine schulmäßige schmükkende Stilfigur daraus geworden, die dem dekorativen Streben des Hochbarock entgegenkommt.

Auch das zweite große Stilmittel, die Häufung, hängt mit dem besonderen Denken der Zeit zusammen. Da man nicht das vom Erlebnis aus treffende, aus Unbewußtem aufsteigende Wort sucht, sondern das sachlich, objektiv „richtige", reiht man, um die Sache gewiß richtig zu bezeichnen, möglichst viele Wörter aneinander. Ähnlich wie der Pansoph, der die Ganzheit will, zur Vielheit kommt, so sucht der Dichter hohe und sachgemäße Wörter und kommt zur Häufung. Gryphius beginnt sein Sonett „Die Hölle":

> Ach und Weh!
> Mord! Zeter! Jammer! Angst! Kreuz! Marter! Würme! Plagen!
> Pech! Folter! Henker! Flamm! Stank! Geister! Kälte! Zagen!

Wie soll der Mensch die Hölle schildern? es ist kein Wort dafür genug. Da es ein großes, für alle gültiges Thema ist, wäre es ungemäß, persönliche Gefühle auszusprechen; man muß die Sache darstellen, und so bleibt nichts, als das Furchtbare aufzählend anzudeuten, kein anderes Wort dazwischen, denn es ist ja nur Furchtbares. Hier entsteht die Häufung aus innerer Notwendigkeit, es ist das Suchen nach dem richtigen Wort. Aber so tiefe Ursachen hatte sie nicht immer. Bei vielen ist sie Spiel mit der Sprache und Freude an der Fülle der Wörter.

Die barocken Bilder, die gehäuften Wörter wollen nicht als einzelne betrachtet sein, sie setzen einander gegenseitig in den Schatten, führen auf eine Pointe hin und sind eingespannt in Sätze, die mit langem Atem große Zusammenhänge aussprechen. Der barocke Langvers, der Alexandriner, ist hierfür die gemäße Form: breit, geräumig, zugleich feierlich-gewichtig. In ihm lebt die weite Spannkraft und der große Formwille der Zeit. Der Alexandriner herrscht nicht nur in der Lyrik, sondern auch im Drama. Er ist der Vers für die Sprache des barocken Helden, der inmitten alles Weltwirbels und Leidens als Märtyrer unerschütterlich seine constantia wahrt und lobsingend zu Gott aufblickt.

In diesen Formen haben die Dichter der Zeit ihre Werke geschrieben. Die größten künstlerischen Leistungen, z. B. die Sonette des Andreas Gryphius, erfüllen streng die Gesetze der Poetik, bewegen sich in Häufungen und Bildern, bauen korrekte Alexandriner. In diesen strengen Formen, ja durch die Strenge dieser Form, spricht sich das innerste Anliegen des Dichters aus, die Überwindung des Chaos der Welt durch den ordnenden mikrokosmischen Geist, sofern dieser sich gehorsam der makrokosmischen Ordnung einfügt, die von der Heilsordnung überwölbt wird. Auch Spee und Scheffler, Paul Gerhardt und die Greiffenberg sind in diesem Formenschatz geblieben, ebenso fast immer Weckherlin und Fleming. Auch die Vollendung des dichterischen Barock in Holland bei Vondel zeigt diesen Zusammenfall der objektiven Kunstgesetze der Poetik mit dem eigensten Anliegen des Dichters in einer Sprache, die Strenge und Fülle in höchster Kraft vereinigt.

Der Ordnungsgedanke des Barock bringt mit sich, daß in der Dichtung alle Gattungen an ihrem Platze stehen, Tragödie, Komödie, Elegie, Lied, Lehrgedicht, Epigramm usw., und daß dabei alle Inhalte erfaßt sind, das Ernste wie das Heitere, das Hohe wie das Niedere. Darum kann die Barockdichtung so Verschiedenes enthalten und es doch zusammenspannen. Die Dichter teilten ihre Werke in „geistliche" und „weltliche", und die Einteilung ging im großen wie im kleinen auf. In diesem Gefüge hatte das Jenseitige wie das Diesseitige Platz, das Sucherisch-Religiöse wie das Weltfreudig-Kavaliersmäßige. Alles spielt auf dem großen gottgewollten Schauplatz zwischen Himmel und Hölle. Das Barock ist fähig, viele Seelenlagen zu versammeln; es kann sie manchmal nicht in Ausgleich bringen, aber immer in eine umfassende Spannung. Insofern ist es eine reiche Zeit, viel reicher als das folgende Jahrhundert der Aufklärung, in welchem alles mehr auf einen Ton gestimmt ist und dem die vitale Fülle des Barock und auch die Fähigkeit zur Spiritualisierung fehlt.

Die pansophische Schau begünstigte Logik und Metaphysik. Sie lebte in der Baukunst, wenn auch mitunter dekorativ überwuchert. Am meisten entsprach ihr die Musik, die zugleich mathematisch und mystisch sein kann. Die Gesetze von Harmonielehre und Kontrapunkt engen den Meister nicht ein, sondern machen sein Werk gerade zum Sinnbild des Gesetzlichen, des Weltalls. Darum hat die Musik von Schütz bis Bach einen wesentlichen Zug des deutschen Barock am schönsten ausgebildet: das Gebundene, im All Gesetzte, und das Leidenschaftsvolle, Gott Zustrebende. Kepler hat die heiligen Harmonien der Planeten beschrieben, die gesetzmäßig in ewiger Schönheit erklingen, über alle Menschensinne groß und vollkommen. Und die Musik des Menschen, des Mikrokosmos, wollte demütig ein Nachklang dieser Musik des Makrokosmos sein. Der gemeinsame Grundgedanke von Pansophie und Musik ist die Gesetzmäßigkeit als Gottesoffenbarung, die Harmonie als Mysterium. Der anbetende Mensch vor der Harmonie der Sphären, der überwältigt und bescheiden und zugleich doch auch stolz mit seinem Schaffen als Mikrokosmos sich dem ewigen Klang des Makrokosmos einfügt – er ist das Urbild des Menschen und Künstlers in diesem Jahrhundert.

So arbeitete das Jahrhundert an einer gewaltigen Aufgabe. Der pansophische Grundgedanke hat in Deutschland aller Wissenschaft von Kepler und Böhme bis zu Leibniz die Richtung gegeben, während in Frankreich und England bereits erkenntniskritische Fragen, empirische Methoden und exakte Beobachtungen entwickelt wurden, welchen die Zukunft gehörte. Erst am Ende des Jahrhunderts erlahmte die Triebkraft des pansophischen Denkens. Bei dem Versuch, durch das All zu der letzten Einheit zu kommen, mußte man von den Sachen, nicht vom Menschen ausgehen, und dabei wurde die Ganzheit, je weiter man forschte, zur Vielheit. Als man um 1700 merkte, daß man die Ganzheit nicht fassen konnte, und als man die Einzelergebnisse ergriff, um sie dem Leben nutzbar zu machen, da wurde aus dem Barock die Aufklärung. Äußerlich kennzeichnend ist, daß damals die großen systematischen Enzyklopädien aufhörten, Werke wie das von Alsted, in welchem dieser eine Mann alle Wissensgebiete systematisch ordnete und darstellte; an ihre Stelle traten alphabetisch geordnete Werke – wie das von Zedler herausgegebene –, welche die Einzelheiten als Vielheit bequem zugänglich machten; sie gehen vom Menschen und nicht vom All aus.

Die Zeitvorstellung, welche im Barock etwa 6000 Jahre von der Weltschöpfung bis zum Jüngsten Gericht ansetzte, dehnte sich im 18. Jahrhundert immer weiter aus bis zur Vorstellung einer Unendlichkeit. In der – nun kurz erscheinenden – Epoche menschlicher Entwicklung, welche man historisch überschaute, sonderten sich die Kulturen und zeigten sich als Wurzelboden der jeweiligen Dichtungen. Die Aufgabe, das Gewesene zeitlich einzuordnen und richtig zu verstehen, führte zur Literaturgeschichte und Kunstgeschichte. Entsprechend hörte die Poetik auf, die im Barock eine führende Rolle gespielt hatte. Der barocke Dichter konnte eine saubere Trennung durchführen: hier geistliche Gedichte – dort weltliche. In der Goethezeit entstand geistliche Dichtung im Sinne des alten Kirchenliedes kaum noch, in der weltlichen Dichtung aber ist nun viel Religiöses; die Struktur hat sich gegenüber dem Barock verändert. Hatte der Dichter des Barock feste allgemeine Themen dargestellt, so sucht man jetzt das Erlebnis mit dem Hauch des Einmaligen und Besonderen. In den siebziger Jahren des 18. Jahrhunderts ist diese Wendung fast allgemein vollzogen.

Von hier aus gesehen erscheint das Barock als die letzte Phase einer weit zurückreichenden Epoche. Seine Dichtung, die das Typische, Allgemeine darstellt, scheint dem Mittelalter näher zu stehen als der Goethezeit, obgleich der zeitliche Abstand zu dieser geringer ist. Die neuen dichterischen Begriffe der Goethezeit waren so andersartig, daß man von ihnen her zu den Werken des Barock kaum mehr Zugang fand und sie als „Schwulst“ abtat. Erst das 20. Jahrhundert, das seinerseits auch die Goethezeit aus Abstand sehen lernte, hat viele Werke des Barock neu bewertet – die Sonette des Andreas Gryphius wie die Tonsätze eines Albert oder Telemann – und sie als gültigen Ausdruck tiefen und großen Strebens zu verstehen gesucht.

Die lateinischen Zitate

S. 9. Deo enim in toto opere corporeo, leges corporis, numeri et proportiones sunt propositae, leges autem lectissimae et ornatissimae ... Haec sunt intra captum judicii humani, haec nos scire deus voluit, dum ad suam nos imaginem condidit, ut in consortium earundem secum ratiocinationum veniremus.
(Brief an Herwart von Hohenberg 9. u. 10. April 1599. – Werke, Bd. 13, München 1945, S. 308 f.)

S. 9 f. Nihil igitur aliud sunt motus coelorum, quam perennis quidam concentus (rationalis non vocalis) per dissonantes tensiones, veluti quasdam Syncopationes vel Cadentias (quibus homines imitantur istas dissonantias naturales) tendens in certas et praescriptas clausulas, singulas sex terminorum (veluti Vocum) iisque Notis immensitatem Temporis insigniens et distinguens; ut mirum amplius non sit, tandem inventam esse ab Homine, Creatoris sui Simia, rationem canendi per concentum, ignotam veteribus; ut scilicet totius Temporis mundani perpetuitatem in brevi aliqua Horae parte, per artificiosam plurium vocum symphoniam luderet, Deique Opificis complacentiam in operibus suis, suavissimo sensu voluptatis, ex hac Dei imitatrice Musica perceptae, quadamtenus degustaret.
(Kepler, Harmonices mundi libri quinque. Buch V, Ende von Kapitel VII. – Werke, Bd. 6. München 1940, S. 328.)

S. 10. O qui lumine Naturae desiderium in nobis promoves luminis Gratiae, ut per id transferas nos in lumen Gloriae; gratias ago tibi Creator Domine ... manifestavi gloriam operum tuorum hominibus, ... quantum de illius infinitate capere potuerunt angustiae Mentis meae ...
(Kepler, Harmonices mundi libri quinque. Buch V, Ende von Kapitel IX. – Werke, Bd. 6, München 1940, S. 362 f.)

S. 11 f. Laus vero tibi, o Deus, qui hac eadem voce nobis etiam sapientiae templum, pansophiam, structuris exemplar monstras, opera tua et vocem tuam, ut, quemadmodum opera et verba tua sunt vera et viva imago tui, ita hoc, quod agimus, esse queat vera et viva operum et verborum tuorum imago. (Comenius, Prodromus pansophiae, 1639, § 38.)
Talem, inquam, librum cupimus construi, qui unus instar sit omnium, vere universalis eruditionis promptuarium ... (Ebd., § 41.)

S. 18. Ordine nihil pulchrius, nihil fructuosius esse nemo non videt ... Ordo siquidem in amplissimo huius mundi theatro rebus omnibus conciliat dignitatem, et

ipsarum est velut anima. Ordo in Ecclesia Dei est nervus corporis mystici. Ordo in republica et familia est vinculum firmissimum... Quot sunt status sive ordines vitae humanae? Quatuor: videlicet Oeconomicus, Scholasticus, Politicus, et Ecclesiasticus: quibus tanquam quadrigis universum hominum genus vehi voluit Deus, autor et fautor ordinis, cuius deliciae sunt conversari cum hominibus.
(Johann Heinrich Alsted, Encyclopaedia. Herborn 1630. S. 1 und S. 27.)

Anfänge des Barock
Wissenschaft und Kunst am Hof Kaiser Rudolf II.

Der Kreis um Kaiser Rudolf II. in Prag ist der Übergang vom 16. Jahrhundert mit Humanismus und Reformation zum Zeitalter des Barock. Der Humanismus hatte die Werke des Altertums erschlossen und vieles daraus fruchtbar gemacht, sei es philosophisch wie bei Erasmus von Rotterdam oder dichterisch wie bei Conrad Celtis. Die Reformation hatte den Bibeltext jedem Leser in der Nationalsprache zugänglich gemacht, die deutsche Sprache im Gottesdienst eingeführt und die Gemeinde am Gottesdienst beteiligt, zumal durch das Kirchenlied. Das Jahrhundert des Barock war dann eine Epoche des Systemdenkens in Theologie, Naturwissenschaft und Politik. In der Theologie entstehen große systematische Werke wie das von Johann Gerhard und das von Johann Andreas Quenstedt (Luther hatte nie etwas derartiges verfaßt), Kepler entwirft ein umfassendes Bild der Sternenwelt, Staatstheoretiker wie Veit Ludwig v. Seckendorf fassen den Staat als Gefüge im Ganzen. Die Kunst, so frei sie sich entfaltet, berücksichtigt doch immer Kirche und Fürsten.

Zwischen Humanismus und Barock gibt es nun in Deutschland die Übergangszeit um 1600. Der Humanismus hat sich verbreitert und alle Hochschulen erobert, er schafft viele neue wissenschaftliche Hilfsmittel, er schwelgt in Briefen und Büchern, das ist der sogenannte Späthumanismus um 1600. Die wissenschaftliche Forschung ist überzeugt, daß die chemischen Stoffe, das System der Planeten und alle anderen Naturerscheinungen sich in Übereinstimmung bringen lassen mit Lehren der Bibel, daß eine All-Wissenschaft möglich und nötig sei, das ist die Pansophie. Die Kunst ist nicht mehr zufrieden mit den großen klaren Formen der Zeit von Raffael und Holbein, sie will das Eigenartige, Erstaunliche, Pointierte – das ist der Manierismus, für den die Emblematik bezeichnend ist, die um 1600 blüht, sich im Barock noch hält, dann aber untergeht.

Für diese Übergangszeit gab es in Deutschland eine Zentrale, das war der Hof Kaiser Rudolfs II. in Prag. Da der Kaiser mehr Möglichkeiten hatte als jeder andere Fürst und jede Universität, konnte er bedeutende Gelehrte und Künstler an sich ziehen. Sobald sie am

1. Rudolf II. Kupferstich von Aegidius Sadeler. 1609. Gedruckt und verlegt von Marcus Sadeler.

Kaiserhof waren, wurden sie beachtet. Die Ausstrahlung war spürbar, sie wirkte noch in das Barock hinein. Durch den Tod des Kaisers 1612 und den Beginn des Dreißigjährigen Krieges 1618 ging der Prager Kreis auseinander. Bis dahin aber war er eine bedeutsame Gruppe, wie sie keine Universität und kein Fürstenhof in dieser Vielseitigkeit zusammenbrachte. Man kann also an dem Prager Kreise um 1600 die Periode des Manierismus und der Pansophie, die Umwandlung des humanistischen Erbes und die Übergänge zum Barock besonders gut beobachten.

Im Jahr 1576 bestieg Rudolf II. (Abb. 1) den deutschen Kaiserthron. Er war 24 Jahre alt. Bis zum 12. Lebensjahr war er in Wien gewesen, dann in Madrid am Hofe Philipps II. Mit 19 Jahren wurde er zurückgeholt nach Wien, denn sein Vater, Maximilian II., war krank. 1575 wurde Rudolf König von Böhmen und bezog die Prager Burg als Regierungssitz. 1576 wurde er Kaiser und verlegte den ganzen Reichshofstaat nach Prag. Er regierte bis 1612. Es war eine im allgemeinen friedliche Zeit, nur der Türkenkrieg, der 1593 begann, schuf Verwicklungen. Während man in Frankreich gewaltsam die katholische Kirche durchsetzte, Italien katholisch blieb und Dänemark am Luthertum festhielt, war Deutschland konfessionell gespalten zwischen Katholiken, Lutheraner und Calvinisten. In Böhmen war die Gruppierung besonders schwierig: dort gab es die von Hus herkommenden Utraquisten, die von ihnen abgespaltene Brüderunität, es gab Lutheraner und gab Katholiken. Der Kaiser war katholisch, ging aber nur selten zum Gottesdienst und zog viele Protestanten an sich heran, z. B. Heinrich Julius von Braunschweig, der weitgehend für ihn die politischen Geschäfte führte.

Rudolf war überzeugt von der Aufgabe des Reiches und von der Würde des Kaisertums. Zu den Aufgaben eines Fürsten gehörte damals Öffentlichkeit, und gerade diese war ihm zuwider. Er neigte zur Einsamkeit. Unsere historischen Quellen genügen nicht, um ein Bild zu ergeben, wieweit seine Eigenheiten krankhaft waren, sie sagen aber deutlich, wie lebhaft sein Geist war. Er sprach perfekt spanisch, außerdem italienisch und französisch. Er hatte sehr gut Latein gelernt und konnte also mit seinen Gelehrten in ihrer Gelehrtensprache, d. h. in Latein, sprechen, das an den Universitäten die einzige Sprache war. Er interessierte sich für viele Gebiete der Wissenschaft und zog Gelehrte aller Fächer an seinen Hof. Es war die Zeit, in welcher die „nobilitas literaria“ neben die „nobilitas generis“ trat. Man kam ohne die Gelehrten nicht aus, und diese hatten es im Laufe des Jahrhunderts verstanden, sich eine hohe Stellung in der ständischen Ordnung zu erkämpfen.

Das öffentliche Sinnbild der Beziehung des Kaisers zur Kunst war die Verleihung des Dichterlorbeers, er verlieh ihn persönlich an Posthius 1577, an Meibomius 1591, an Calaminus 1595. Manche, die er schätzte, ernannte er zu „Pfalzgrafen", die dann in seinem Namen den Lorbeer verleihen konnten. Die Maler und Bildhauer seines Kreises stufte er anders ein, als man es in Deutschland gewohnt war, nicht als Handwerker, sondern als sozial hochrangige Künstler. Einigen von ihnen verlieh er den Adel. Die Stellung der Künstler an seinem Hof nahm vorweg, was sich anderswo erst am Ende des 18. Jahrhunderts ergab. Seine Begeisterung für Kunst war groß. Seine Kunstsammlung wurde zu einer der besten Europas. Er holte sich einen Antiquar dafür aus Italien. Aus den Niederlanden holte er sich Musiker und Maler. Gelehrte holte er sich von überall her, da waren alle deutsche Landschaften vertreten, darüber hinaus Dänemark mit Tycho Brahe und Italien mit Ottavio da Strada.

Als Kaiser Rudolf den Hof von Wien nach Prag verlegte, kam der ganze Hofstaat in eine neue Umgebung. In Wien sprach man deutsch, in Prag sprachen die meisten Menschen tschechisch. In Wien lag die Hofburg in dem großen Festungsring, den man wegen der Türkengefahr um die Stadt gezogen hatte. In Prag war es ganz anders. Die Stadt lag rechts der Moldau, die Hofburg lag links des Flusses auf einem Berg, ein beträchtliches Stück von der Stadt entfernt. (Abb. 2) Die Stadt hatte ihren Mauerring, die Burg einen eigenen. Ihr benachbart im Tal lag die „Kleinseite", die ebenfalls eigene Befestigungen hatte. Die Burgstadt war so groß wie manche deutschen Städte, etwa Heilbronn oder Rothenburg. Die Dreiteilung hatte Vorteile. Als 1610 die vom Kaiser angeworbenen Truppen widerrechtlich nach Prag rückten, um Geld zu holen, drangen sie zwar in die Kleinseite ein, doch die Altstadt hielt stand, und an die Burgstadt mit ihren Mauern, Schießscharten und Berufssoldaten wagten sie sich erst gar nicht heran.

Als Rudolf zur Regierung kam, übernahm er von seinem Vater einen Hofstaat von etwa 400 Personen. Bei seinem Tode waren es etwa 800. Die Reichsämter waren besetzt durch Angehörige deutscher Adelsfamilien. Je länger Rudolf in Prag war, desto mehr spielte dabei der böhmische Adel eine Rolle, der im Königreich Böhmen ohnehin führend war. Die erste Stelle unter dem böhmischen Adel hatten die Grafen von Rosenberg, die im südlichen Böhmen ausgedehnte Besitzungen besaßen. Wilhelm v. Rosenberg, 1535–1592, und sein Bruder

Peter Wok v. Rosenberg, 1539–1611, waren wissenschaftlich gebildet, sammelten Bücher und Gemälde. Im Jahre 1607 zog der Kaiser den Herzog Heinrich Julius von Braunschweig an sich, der ihm half, die Reichspolitik zu machen, da sie seinen Händen entglitt. Heinrich Julius blieb bis zu seinem Tode, 1613, in Prag.

Doch nicht nur Adlige bildeten den Hofstaat, sondern auch Gelehrte. Johannes Barvitius (um 1550–1620) stammte aus Mecheln, er wurde in Prag des Kaisers Geheimsekretär, zuverlässig und sorgfältig, dabei mit Verständnis für Wissenschaft und Kunst. Sein elegantes Latein erregte die Bewunderung der Zeitgenossen, und er besorgte des Kaisers Korrespondenz meist in dieser Sprache. Johann Matthäus Wacker (1550–1619) stammte aus Konstanz. Er hatte Rechtswissenschaft studiert, hatte in Padua den Doktor-Titel erworben und dann eine Zeitlang in Breslau im Kreise der dortigen Späthumanisten gelebt. 1597 wurde er Reichshofrat in Prag, und seine rasche Auffassungsgabe ermöglichte ihm, neben seiner Berufsarbeit sich wissenschaftlich auf dem laufenden zu halten und die Werke von Galilei und Kepler zu lesen. Der Kaiser verlieh beiden den Adel. In Keplers Briefen und Schriften kommen beide häufig vor, die Dichterin Westonia verdankte ihnen die Beziehungen zum Kaiser. Rudolf II., unersättlich in geistigen Dingen, zog immer wieder Gelehrte und Künstler an sich heran und kaufte Kunstwerke, doch oft war die Kasse leer. Damit dies alles nicht ins Uferlose wuchs, damit Verhandlungen geführt wurden und Gehälter gezahlt wurden, brauchte der Kaiser seine Hofräte. Ohne Männer wie Barvitius und Wacker wäre es zu schlimmster Wirrnis gekommen.

Kaiser Rudolf nahm seit seiner Jugend mit großem Interesse auf, was die Wissenschaft Neues erbrachte. Seit der Zeit des Humanismus zu Beginn des Jahrhunderts hatte man viele antike Autoren herausgegeben und ihre Werke erforscht, zumal auch die antiken Naturwissenschaftler. Im Zusammenhang damit hatte die Forschung große Fortschritte gemacht, Vesalius hatte die Anatomie vervollkommnet, Paracelsus Zusammenhänge von Medizin und Chemie aufgewiesen, Agricola hatte Mineralogie und Bergbau erforscht. Die Entdeckung Amerikas hatte das geographische Weltbild geweitet. Doch das alles war nicht eine Forschung in der Art, wie sie später durch die Aufklärung kam, als die verschiedenen Forscher sich auf sachliche Feststellungen beschränkten. In der Zeit Kaiser Rudolfs stand hinter jeder Einzelforschung der Gedanke, dies sei Erkenntnis eines Stücks des Weltganzen, dessen Zusammenhänge man besser erkennen müsse. Weil Gott die

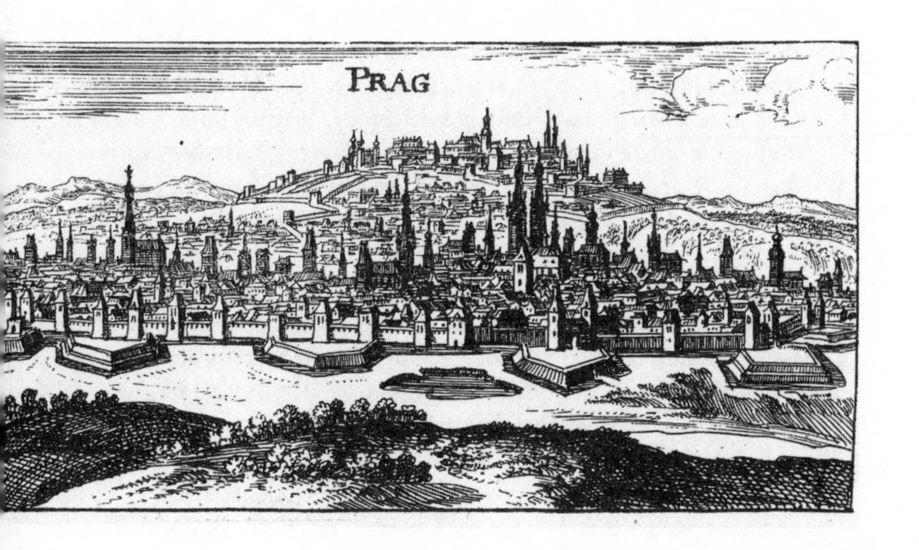

2. Prag im 17. Jahrhundert. Anonymer Kupferstich aus: Kaspar Schneider, Beschreibung des Elb-Stroms. Nürnberg 1687.

Welt einheitlich geschaffen hatte, mußten die Lehren des Christentums zusammenpassen mit den Erkenntnissen der Natur, das Licht der Gnade (lumen gratiae) und das Licht der Natur (lumen naturae) mußten in Beziehung stehen. Für diese Wissenschaft vom All prägte man das Wort Pansophie, von griechisch sophia = Weisheit und pan = das Ganze. Es war also Wissenschaft mit betont religiösem Charakter. Sie war nicht konfessionell gebunden, es gab sie in allen Gruppen. Kaiser Rudolf blieb katholisch, holte aber viele Protestanten in seine Nähe und erließ 1609 für Böhmen den „Majestätsbrief", der allen Konfessionen Freiheit gab. Die Männer der Gegenreformation waren darüber empört. Später pries man den Kaiser als einen der wenigen, die den richtigen Weg gesehen hatten.

Bei den Naturforschern am Hofe des Kaisers sieht man sowohl pansophischen Geist, der phantasievoll Hypothesen entwirft, als auch sachliche Spezialforschung. Des Kaisers Arzt Michael Maier äußerte seine einfallsreichen Gedanken darüber, wie die Tatsachen aus der Chemie, aus der Medizin, aus der Musik, aus der Astronomie usw. als einheitliches System zu sehen seien, und er glaubte, daß diese urbildlichen Zusammenhänge alle in den antiken Mythen erfaßt seien. Bei Maier fehlt die sachliche Einzelforschung, die es bei anderen des Prager Kreises wie Tycho Brahe, Kepler, Steeghius gibt, anderseits aber auch die Gabe, große philosophische Durchblicke zu geben, wie Giordano Bruno sie bot. Dieser war im Jahre 1588 in Prag. Er veröffentlichte hier zwei seiner Schriften. Der Kaiser finanzierte ihn großzügig und gab damit zu erkennen, daß er ihn für sehr bedeutend hielt. Bruno gehörte zu keiner Konfession. Er pries die Liebe zu Gott, der die Weltseele ist, und zu Gottes Schöpfung. Das in Prag erschienene Buch „Articuli centum et sexaginta" hat eine Widmungsvorrede an den Kaiser. Bruno sagt darin, daß das Licht der Vernunft (lumen rationis) sein einziges Hilfsmittel sei, daß er alle Autoren und Väter (patres) kritisch sehe und daß er für diejenigen, die so dächten wie er, Menschen heroischer Art (homines heroici speciminis), Verständnis beim Kaiser erhoffe. Das waren für jene Zeit sehr kühne Worte. Im Kreise Rudolfs II. durfte Bruno sie äußern, und er wurde sogar dafür belohnt. Doch es trieb ihn die Sehnsucht, in sein Vaterland Italien zurückzukehren. Dort wurde er verhaftet, in Rom vor das Inquisitionsgericht gestellt und dann wegen seiner Lehren lebendig verbrannt. Diese Tatsache – in Prag bewundert, in Rom verbrannt – zeigt deutlich, welcher Geist im Kreise Rudolfs II. lebendig war. Schon bei seinem Nachfolger war alles anders, vollends nachdem der große Krieg ausgebrochen war.

Während Bruno bei seinen weitblickenden Thesen über die Weltseele und die Unendlichkeit des Weltalls und über die Erkenntniskraft des Menschen blieb, wollten andere das Licht der Natur und das Licht der Gnade in ihrem Zusammenhang erkennen und wollten erforschen, in welcher Weise der Mikrokosmos Mensch in den Makrokosmos Natur eingeordnet sei. Des Kaisers Hofarzt Oswald Croll veröffentlichte 1609 sein Buch „Basilica chymica" (Königshaus der Chemie. Abb. 4). Er sagt, der Arzt habe die Aufgabe, die Beziehung des Menschen zum Makrokosmos zu erkennen und auf die Zeichensprache der Natur zu achten. In diesen allgemeinen Äußerungen ist Croll ganz der Pansoph. Dann aber folgt eine spezielle Arzneikunde, die praktische Anregungen für Ärzte und Apotheker enthält. Da geht er von der Erfahrung aus. Der akademische Unterricht an den Universitäten hatte dogmatisch immer nur Rezepte aus Galenus und aus arabischen Quellen überliefert, die meist recht kompliziert waren. Durch Paracelsus war der Blick auf das Verhältnis der chemischen Stoffe zum menschlichen Körper gelenkt und die eigene Beobachtung angeregt. Diese Betrachtungsweise wurde von Ärzten wie Oswald Croll erfolgreich fortgesetzt. Seine Rezepte sind genauer und meist einfacher als die der alten Schule und wirksamer als die der volkstümlichen „Kräuterbücher". Der Erfolg seines Buches war dementsprechend groß, es erlebte mindestens 14 lateinische Auflagen, 4 deutsche, 4 französische, 2 englische.

Den Höhepunkt der Prager Pansophie bildet Johannes Kepler. Seine Einzeluntersuchungen hatten von vornherein das Ziel, zu einer Weltharmonik vorzudringen. Seine Briefe aus Prag sprechen immer wieder von diesen Bemühungen und entwerfen ein Werk darüber bis in die Einzelheiten. Doch erst nach dem Tode des Kaisers, als Kepler nicht mehr in Prag lebte, konnte er seine Forschungen abschließen, einerseits ein großes Werk mit astronomischen Beobachtungen, das er „Tabulae Rudolphinae" nannte, in Erinnerung daran, daß der Kaiser diese Forschungen ermöglicht hatte, anderseits sein Hauptwerk, das in fünf Büchern die Weltharmonik darstellt, „Harmonices mundi libri quinque" (Fünf Bücher von der Harmonie der Welt. „Harmonices" ist der griechische Genitiv von „Harmoniké". Solche lateinisch-griechischen Mischtitel waren damals beliebt). Hier werden die Planetenbahnen, die Harmonien der Töne, die Zahlen aus der Bibel, die Formen der Bienenzellen und der Schneeflocken und anderes mehr daraufhin betrachtet, ob in ihnen urbildliche Maßverhältnisse verkörpert sind, so daß sich eine Harmonie ergibt, nach welcher Gott die Welt gebaut hat.

3. Heinrich Julius Herzog von Braunschweig-Wolfenbüttel. Kupferstich von Domenicus Custos nach einem Gemälde von Hans von Aachen.

Das Werk endet mit einem Gebet (Buch V, Kap. 9). Dieses beginnt mit dem Blick auf das Licht der Natur (lumen naturale) und das Licht der Gnade (lumen gratiae), die zu dem Licht der Glorie (lumen gloriae), dem Himmel, führen. Kepler kommt als Naturwissenschaftler niemals in Konflikt mit den Lehren des Christentums. Er war von dessen Wahrheiten überzeugt und glaubte mit seiner Forschung ebenfalls das Lob Gottes zu bringen. Deswegen sagt er am Schluß (V,9): „Ich war entzückt von den Schöpfungen Deiner Hände" (in operibus manuum tuarum exultavi). „Ich habe den Ruhm Deiner Werke den Menschen sichtbar gemacht" (manifestavi gloriam operum tuorum hominibus). Dieses Werk ist der Gipfelpunkt der Rudolfinischen Pansophie.

Während Kepler und Oswald Croll von der Einzelforschung weitergehen zu Thesen über Mikrokosmos und Makrokosmos, blieben andere lieber bei ihrem Spezialgebiet und vermieden phantasievolle Hypothesen. Zu diesen sachlichen Forschern gehörten Boetius de Boodt, der ein großes Buch über Botanik schrieb, und Godefridus Steeghius, der ein Lehrbuch der Medizin verfaßte. Einer der Ärzte des Kaisers war Martin Ruland, der die Beobachtungen über Beeinflussung des Körpers durch chemische Mittel weiterführte. Der berühmte Tycho Brahe sammelte ein riesiges Material auf dem Gebiet der Astronomie. – Im Kreise der Gelehrten um den Kaiser war natürlich auch die Rechtswissenschaft gut vertreten, einerseits wegen der Vielseitigkeit der Interessen des Kaisers und seiner Räte, anderseits wegen der Notwendigkeit, Fachleute für Fragen der kaiserlichen Rechte und der böhmischen Landesrechte zu haben. Zu den Juristen, welche der Kaiser an seinen Hof zog, gehörte Otto Melander, der Bücher über das Reichskammergericht und über die Rechte des Adels verfaßte. In seinem Buch über die Hexenprozesse zeigt er sich für seine Zeit sehr zurückhaltend und vorsichtig. Auch der berühmteste Staatsrechtler der Zeit, Melchior Goldast, stand dem Kaiser nahe. Er veröffentlichte grundlegende Werke über Reichsgesetze und Landesrechte, war Spezialist für böhmisches Staatsrecht und verteidigte die Rechte des Staates gegen Einmischung der Kirche. Damit verband er geschichtliche Untersuchungen, er hatte sich in das Mittelhochdeutsche eingearbeitet und las Walther von der Vogelweide in alten Handschriften.

Eine besondere Rolle spielte am Hofe des Kaisers Heinrich Julius von Braunschweig-Wolfenbüttel (Abb. 3). Er war Lutheraner, der Kaiser war Katholik und sah es gern, wenn Heinrich Julius Konflikte glättete. Er hatte sich in seiner Wolfenbütteler Zeit gelegentlich schriftstellerisch versucht. In Prag war er voll ausgefüllt mit politischen

Aufgaben. Durch seine Hand gingen alle Schreiben, die ankamen und die herausgingen. Der Kaiser war in manchen Entscheidungen ungeschickt. Weil er sich bedroht fühlte, sammelte er in Passau Truppen. Er konnte sie aber nicht bezahlen, die Truppen zogen eigenwillig nach Prag und plünderten die Kleinseite, es kam zu schweren Komplikationen mit des Kaisers Bruder Matthias, mit den Habsburgischen Verwandten und mit den Böhmischen Ständen. Nur durch Herzog Heinrich Julius wurde Schlimmstes verhütet. Er reiste hin und her, sprach mit allen und war unermüdlich tätig. Im Reich rätselte man, wie es zu diesem allen hatte kommen können. Da schrieb Heinrich Julius ein kleines Buch darüber mit eingestreuten Briefen, „Wahrhaftiger und summarischer Bericht wegen der im verschienen 1610. Jahres nicht erfolger Abdankung des Passauischen Kriegsvolks. Anno 1611". Dann aber begann er ein viel größeres Buch, eine Urkundensammlung zur Zeitgeschichte mit Briefen des Kaisers, der aufständischen Truppenführer, Briefen von ihm selbst, von König Matthias und anderen. Da er Chef der kaiserlichen Kanzlei war, war ihm dies alles zugänglich. Der methodische Zugriff, alles lückenlos und wortgetreu zu bringen, war völlig neu. Dieses Buch durfte dann aber nicht erscheinen. Es wurde nur bis zur Seite 302 hergestellt, und von diesem Fragment gibt es nur 3 Exemplare, eins in Wien, zwei in Wolfenbüttel. Wahrscheinlich haben der Kaiser und sein Bruder die Fertigstellung verboten, um sich nicht in die Karten sehen zu lassen. So ist dieses erstaunlich moderne Werk, eine korrekte und lückenlose Urkunden-Edition zur Zeitgeschichte, niemals als Leistung aus dem Rudolfinischen Kreise bekannt geworden.

Das pansophische Denken blieb nicht beschränkt auf die Wissenschaft. Es wirkte sich aus auf die Kunst, vor allem auf die Emblematik. Diese Kunstgattung hatte sich im Laufe des 16. Jahrhunderts herausgebildet, eine typische Schöpfung des Manierismus. Gezeigt werden ein Bild und ein kurzer Satz (Motto, Symbolum). Ihre Beziehung bleibt mehr oder weniger rätselhaft. Und nun kommt ein Gedicht oder ein Stück Prosa als darunter gedruckte Erläuterung (subscriptio) hinzu, das die Beziehung beider geistvoll deutet. Der Betrachter muß Bild und Motto vergleichen, wenn er die Erläuterung liest, und muß nachdenken, wie beides zu einander paßt. Eine Kunstgattung also, die den Intellekt fordert, nicht die Einfühlung. Es gab dabei nicht nur Geistvolles, sondern auch Spintisiertes. Das Beziehung-Setzen entsprach dem Geist der Pansophie, und die Emblematik war darauf stolz. Das Geheimnisvolle und zugleich Intellektuelle paßte zu dem Geist des Rudolfinischen Kreises. Der Antiquar des Kaisers, Ottavio

4. Titelkupfer zu Oswald Croll, Basilica chymica, 1608. Kupferstich von Aegidius Sadeler.

da Strada, der die Sammlungen des Kaisers und auch dessen diplomatische Kontakte verwerten konnte, sammelte Sinnsprüche („Symbola") und dazu Wappen von geistlichen und weltlichen Fürsten und Adligen. Da die Wahlsprüche teils aus der Bibel, teils aus weltlicher Tradition stammen, nannte er die Sammlung „Symbola divina et humana". Der Hofkupferstecher Aegidius Sadeler stach die Bilder dazu. Der Hofgeschichtsschreiber Jacobus Typotius schrieb die Erläuterungen. Er hatte kurz davor ein philosophisches Werk über den Staat geschrieben. Jetzt sah er seine Aufgabe darin, die Wahlsprüche und Sinnbilder so auszudeuten, daß eine Staatsphilosophie in Bildmeditationen daraus wurde. Man erblickt den Stern, die Palme, das Einhorn, den Adler, den Löwen, den Kranich usw. und dazu die Wahlsprüche. Hinter der Deutung steht die Überzeugung, Gott habe die Mikrokosmos-Makrokosmos-Beziehung geschaffen, der Mensch könne sie sich durch Gefühl und Verstand deutlich machen, er habe durch die Bildersprache der Bibel eine gute Anleitung dazu und müsse in diesem Sinne weiterdenken. Die „Symbola" des Typotius, 1601–1603 in großem Format gedruckt, stellten für das ganze Jahrhundert des Barock einen Schatz von Sinnbildern und Wahlsprüchen bereit, der viel benutzt wurde. Auch Gryphius kannte das Werk, er erwähnt es in seinen Leichenreden. Typotius schuf aber nicht nur die Erläuterungen zu den Bildern und Wahlsprüchen der „Symbola", sondern verfaßte auch eine Theorie der Emblematik. Er behandelt darin die Bildersprache der Bibel, die Bilder bei antiken Autoren und dann natürlich die neue Emblematik, die er ganz im Sinne der Rudolfinischen Pansophie beurteilt. Er sagt, daß Bilder das Wesen einer Sache oft besser deuten als Definitionen. Die Emblematik erschlösse Zusammenhänge des Alls, die gottgewollt sind. Deswegen nannte er sein Buch „De Hierographia". Das griechische Wort „hieros" bedeutet „heilig"; das Wort „graphein" bedeutet „Zeichen in Stein einritzen", „zeichnen", und dann auch „schreiben". Der Titel „Hierographia" meint also: heilige Inschrift. Dieses Buch, die nachträgliche theoretische Begründung der „Symbola divina et humana" von 1601–1603, erschien erst 1618. Es ist die bedeutendste Theorie der Emblematik, die auf deutschem Boden geschrieben wurde.

Auch das Buch des Oswald Croll „Basilica chymica" bringt eine Theorie der Emblematik in der dem Buch beigegebenen Abhandlung „Tractatus de signaturis internis rerum seu de vera et viva anatomia majoris et minoris mundi" (Traktat von den inneren Signaturen der Dinge oder über die wahre und lebendige Anatomie der großen und der kleinen Welt). Es ist bezeichnend für die Prager Pansophie, daß auch ein Mediziner über Emblematik schreibt. Hier wird die Mikrokosmos-Makrokosmos-Lehre in Zusammenhang gebracht mit der Lehre von den Signaturen, den Zeichen, welche die Dinge in sich tragen und welche der Mensch deuten muß. „Alle Kräuter, Blumen, Bäume und anderen Gewächse der Erde sind Bücher und magische Zeichen, aus der unermeßlichen Barmherzigkeit Gottes mitgeteilt." (Omnes herbae, flores, arbores, aliaque e terra provenientia sunt libri et signa magica ab immensa Dei misericordia communicata.) Der Löwe bezeichnet die Mannhaftigkeit, das Einhorn die Keuschheit, der Delphin die Freundschaft usw. Solche Zusammenhänge zu erkennen bedeutet Einsicht in Gottes Weltordnung und also religiöse Erbauung. In dieser Art der Deutung stimmt Croll überein mit Typotius. Der eine war Mediziner, der andere Geschichtschreiber (Historiographus) – in der Sinnbild-Deutung kamen beide zusammen.

Das große „Symbola"-Werk des Typotius mußte dem Wesen der Emblematik entsprechend Bilder bringen. Auch hierfür war am Kaiserhof ein vorzüglicher Mann vorhanden, der Hofkupferstecher Aegidius Sadeler. Er stammte aus den Niederlanden, hatte in Italien sich weitergebildet und war dann nach Prag berufen worden, wo er jahrzehntelang für den Kaiser arbeitete. Er war ein ausgezeichneter Porträtstecher, dem wir Bildnisse von mehreren Männern des Prager Kreises verdanken. Anderswo wurden von Malern Porträtzeichnungen angefertigt und dann an berufsmäßige Kupferstecher geschickt, die den Stich herstellten, den Dargestellten aber nie gesehen hatten. Anders bei Sadeler. Er machte nicht nur die Kupferstiche, sondern zeichnete selbst die Vorlagen, er hatte die Porträtierten gesehen, wenn sie ihm Modell saßen, und hatte sie außerdem oft im Hofkreise beobachtet, er kannte ihr Wesen, und so kamen seine Charakterköpfe zustande. Sadeler schuf außerdem Stiche nach Gemälden aus der Kunstsammlung des Kaisers. Der Kaiser hatte seine Hofmaler, die im Stil der Zeit arbeiteten. Ihre Gemälde kamen in seine Sammlung, wo sie nur für die wenigen Besucher sichtbar waren, die der Kaiser dorthin führte. Er erlaubte aber, daß Sadeler Reproduktionsstiche herstellte. Durch diese wurden die Werke seiner Maler in ganz Deutschland bekannt. Bald darauf haben Rubens und van Dyck diese Stiche kennen gelernt. Da sahen sie, wie vorteilhaft es für einen Maler ist, gute Reproduktionsstecher zu haben, und sie haben sich dann rechtzeitig und erfolgreich um solche bemüht. Raffael, Dürer und Holbein hatten noch keine Reproduktionsstecher, die alle ihre wichtigen Werke in guten Stichen mit feinster Tönung von Hell und Dunkel wiedergaben. Das begann erst bei Sadeler.

Rudolf II. gab für Kunstgegenstände so viel Geld aus, wie ihm möglich war. Er brachte auf diese Weise eine ungeheure Sammlung zusammen, immer nur auf rechtliche Weise, niemals indem er Gewalt oder List anwandte. Er hatte einige Hofmaler, deren Werke in diese Sammlung kamen. Die Zeit von Dürer, Holbein und Brueghel war vorüber. In dem Jahr, als Rudolf II. Kaiser wurde, starb Tizian. Eine neue große Generation kam erst zu Beginn des 17. Jahrhunderts mit Frans Hals. Das war die Zeit, als Rudolf starb. Er mußte die Maler nehmen, die zu seiner Zeit vorhanden waren und die kommen wollten. Caravaggio und Annibale Carraci blieben in Rom. Der Kaiser hatte vor allem niederländische und deutsche Künstler. Zu diesen gehört Bartholomäus Spranger aus Antwerpen mit seiner sinnlichen Darstellung schöner Körper und mit dekorativen Großkompositionen, nebenher ein guter Porträtist (Abb. 5). Eine ähnliche manieristische Eleganz gibt es bei Hans von Aachen, dessen reizvoll-schöne, aber kühl-artistische Kompositionen antiker Götterfiguren dem Geschmack des Kaisers und dem europäischen Manierismus entsprachen, während seine charaktervollen Porträts damals nicht in gleichem Maße gewürdigt wurden. Ähnlich ist es bei Joseph Heintz, der konventionelle Heiligenbilder, mythologische Szenen mit nackten Frauen und auch sachliche Bildnisse malte. Unter den Landschaftsmalern tat sich Roelant Saverij hervor, der trotz vieler realistischer Züge phantasievolle Traumlandschaften malte, die dann durch Sadelers Stiche weithin bekannt wurden. Der Meister der Buchmalerei war Georg Hoefnagel, zierlich, spielerisch, dabei gelehrt, voll zahlloser Einfälle in Allegorien und Arabesken. Zeitweilig war in Prag auch der Italiener Arcimboldi, der darauf verfiel, ein Bild aus Einzelbildern zusammenzusetzen, etwa einen menschlichen Kopf aus Äpfeln, Birnen, Pfirsichen, Kornähren usw., um den Genius des Herbstes darzustellen. Das kann, wenn man es einmal oder wenige Male sieht, witzig oder sogar geheimnisvoll wirken, wenn es aber in einer ganzen Reihe von Bildern pausenlos wiederholt wird, wirkt es nur noch als Manier, deren man überdrüssig wird. Hier zeigt sich die Schwäche des Manierismus besonders deutlich. – Unter den Bildhauern ragt Adriaen de Vries hervor, ein Meister im Handwerklichen – auf das es beim Bronzeguß besonders ankommt –, zugleich ein phantasievoller Erfinder beschwingter Gruppen, ein Virtuose, der lebhafte Bewegung und pointierten Kontrapost mit sprühender Eleganz darzustsellen versteht.

5. Bartholomaeus Spranger, Selbstbildnis. Ölgemälde, um 1590. Kunsthistorisches Museum Wien.

Während die Bildhauerei wenig Beziehung zur Pansophie hatte und die Malerei nur in ihrer Symbolik, war die Musik viel enger mit ihr verbunden. Die Pansophie sah eine Gesetzlichkeit des Kosmos, eine Harmonie der Sphären. Auch die Musik hat eine gesetzmäßige Ordnung, und man war der Meinung, daß die menschliche Musik ein Nachvollzug kosmischer Harmonie sei. Die Kompositionen der Prager Musiker sind streng und großartig. Der erste Kapellmeister der Hofkapelle war Philipp de Monte (Abb. 6), der zweite Kapellmeister Jacob Regnart, beide aus den Niederlanden. Zu den Musikern des Kaisers gehörte auch Hans Leo Haßler, der aber immer nur besuchsweise in Prag war, wo sein Bruder Jakob als Mitglied der Hofkapelle lebte. Die Prager Dichterin Elisabeth Westonia hat in einem Gedicht auf Philipp de Monte die Wirkungen der Tonkunst ausgesprochen. Indem der Mensch sich ihr aussetzt, geht etwas von Gottes Ordnung in ihn ein. Sie schützt die Gesunden, heilt die Kranken, festigt Freundschaften und richtet den Sinn auf eine geistige Ordnung, hinter der Gottes Weltordnung steht. Ähnlich ist die Musikauffassung Keplers, der in seinem Buch über die Weltharmonik die mehrstimmige Musik seiner Zeit, die es in der Antike in dieser Weise noch nicht gab, einen Nachvollzug der göttlichen Weltharmonik nennt (Buch V, Kap. 7). Die Prager Hofkapelle trug regelmäßig geistliche Musik vor, neben ihr gab es für weltliche Musik ein Trompeterkorps. Wer Musik so hörte, wie Elisabeth Westonia und Kepler sie deuten, nahm sie nicht als Ausdruck von Stimmung auf, sondern als Beispiel kosmischer Ordnung, an welcher der Mensch Anteil hat. Daher hat die Musik Philipp de Montes ihren strengen reinen Stil, hier gibt es Beziehungen zur Pansophie, aber nicht zum Manierismus.

Die Musik stand in Beziehung zu der Dichtung durch das geistliche und weltliche Lied. In Deutschland hatte das Volkslied und eine an dieses anschließende Lieddichtung im 16. Jahrhundert eine Blüte erlebt, man sang diese Lieder oft mehrstimmmig. In der italienischen Spätrenaissance hatten bedeutende Dichter lyrische Texte verfaßt, welche von Komponisten vertont wurden. Im Gegensatz zu der Denk- und Gefühlsweise des deutschen Liedes, das meist auf die Situation eines Handwerksburschen zugeschnitten war, der auf Wanderschaft geht und an seine Geliebte denkt, zu der er zurückkehren und die er heiraten will, behandelte die italienische Lyrik sehr viel kompliziertere Seelenlagen, im Anschluß an Petrarca, der die Entsagung, die Sehnsucht und die Idealisierung dargestellt hatte. An dem Prager Hof mit seinen vielen Beziehungen zu Italien trafen sich beide Traditionslinien.

6. Philipp de Monte, Hofkapellmeister Kaiser Rudolfs II., Komponist. – Kupferstich von Raphael Sadeler, 1594.

Die Prager Musiker Jacob Regnart, Hans Leo Haßler, Joachim Lange und andere schrieben ihre Liedertexte selbst. Sie übernahmen aus Italien die Themen des widerspruchsvollen Seelenlebens und die neuartigen kühnen Metaphern des Manierismus, vermischten diese Themen und diesen Stil dann aber mit dem, was ihnen aus Deutschland geläufig war, und kamen so zu einem neuen Liedtypus, den sie an das deutsche Barock weitergaben.

Von den Liedertexten führte ein weiterer Schritt zu Gedichten ohne Singweisen, zu einem Gedichtband. In Deutschland hatte es im 16. Jahrhundert Lyrikbände eines einzelnen Dichters nur in lateinischer Sprache gegeben, bei den Gelehrten wie Melissus, nicht aber in deutscher Sprache. Dergleichen gab es erst später seit Martin Opitz, dessen „Teutsche Poemata" erstmalig 1624 erschienen. In Böhmen aber hatte diese Entwicklung einen Vorläufer. Theobald Hock aus dem Saarland, der zeitweilig in der Kanzlei Rudolfs II. und dann bei dem bedeutendsten der böhmischen Adligen, Peter Wok von Rosenberg in Krumau, tätig war, ließ 1601 eine Lyriksammlung „Schönes Blumenfeld" erscheinen. Es ist ein Druck ohne Ortsangabe und ohne Nennung eines Verlegers. Auf dem Titelblatt sieht man den österreichischen Doppeladler mit Krone, den böhmischen Löwen und die Rosenbergsche Rose. Die Herkunft war also zu erraten, und der Hinweis auf die Familie Rosenberg läßt schließen, daß Peter Wok von Rosenberg den Druck finanziert hat, vielleicht in einer kleinen böhmischen Druckerei. Jedenfalls nicht ein Werk, das so wie später die „Poemata" des Opitz auf die Buchmessen kam und in ganz Deutschland bekannt wurde, sondern ein Privatdruck, an dem ein bestimmer Kreis seine Freude haben sollte, und der heute sehr selten ist. Der Name des Verfassers ist in „Otheblad Öckh" verändert. Der Inhalt spannt weit, von religiösen und lehrhaften Gedichten bis zu kleinen Liedern und Scherzen. Es gibt Gedichte über die sündhafte Welt, über das Hofleben und über die Liebe. Auch hier verbindet sich das Europäisch-Manieristische mit dem deutschen Erbe.

Eine Darstellung Prags in der Zeit Kaisers Rudolfs gibt die Novelle des Niklas Ulenhart – vielleicht ist der Name ein Pseudonym – „Von Isaak Winckelfelder und Jobst von der Schneid, wie es diesen beiden Gesellen in der weitberühmten Stadt Prag ergangen". Die Grundzüge der Handlung hat Ulenhart aus einer damals neuen Novelle des Cervantes übernommen, er konnte also spanisch. Alles Weitere ist selbständige Ausgestaltung, und hier zeigt sich, daß der Verfasser eine genaue Kenntnis von Prag hat. Er schildert einen Kreis von Spitzbuben, die deutsch, tschechisch und italienisch sind, lutherisch, hussitisch und katholisch, und mit ihnen wandern wir durch die Straßen, sehen die Altstadt mit dem Ring und dem Rathaus, aus dessen Kellerfenstern man die Stimmen der Gefangenen hört, gehen über die Brücke zur Kleinseite mit Kirchen und Adelspalästen und dann hinauf zu der Burgstadt, wo wir sogar einen Blick in den Wladislawschen Saal erhalten. Alles ist voll von Anspielungen auf Hof, Adel und Bürgertum, ein lebendiges, farbiges Bild. Das Werk ist 1617 erschienen, es spielt aber in der Zeit vor dem Tode Rudolfs II., d. h. vor 1612, als Prag noch Kaiserstadt war, Ort der großen Herren und der großtuerischen Glücksritter.

Da der Kaiser lateinisch sprach und gelehrte Hofräte hatte, wurde am Hof besonders die Dichtung in lateinischer Sprache geschätzt. Pontanus von Breitenberg, Dompropst in Prag, schrieb geistliche Lyrik, Legendendichtungen und ein Epos über seine Heimatstadt Brüx, „Bruxia Bohemiae“, 1593. Er schildert darin, wie die Stadt, die treu zur römischen Kirche hält, von den Hussiten unter Žižka, die vom Teufel verführt sind, belagert wird; mit Hilfe der Jungfrau Maria kommt ein rettendes Heer, und die Ketzer werden zurückgeschlagen. Das Latein des Pontanus ist rhetorisch, voll von Häufungen und Kontrasten, schwungvoll und repräsentativ, es verkörpert einen Manierismus, der zum Barock überleitet. Der Kaiser verlieh Pontanus den Dichter-Lorbeer und machte ihn zum „Comes palatinus“, d. h. zum Pfalzgrafen, der Dichter krönen durfte. Pontanus war auch ein hervorragender Redner, und seine großartigste Leistung auf diesem Gebiet war die Trauerrede auf den Kaiser nach dessen Tode 1612.

Eine Erscheinung besonderer Art war die Dichterin Elisabeth Westonia (Abb. 7), denn dichtende Frauen waren etwas Seltenes, und wenn es sie gab, schrieben sie in ihrer Muttersprache. Die Westonia aber schrieb lateinisch wie die Gelehrten, und zwar ein flüssiges, natürliches Latein, anders als der manieristische Pontanus. Sie stammte aus England und war dann im Sudetenland aufgewachsen. Als der Vater starb, kam die Mutter in Not. Elisabeth schrieb Gedichte an die Mächtigen des Hofkreises, an Barvitius und Wacker, dann an den Kaiser selbst. Sie schreibt immer mit Taktgefühl und Sachlichkeit, auch wenn sie ihre Not schildert und um Hilfe bittet. Gern geht sie von der persönlichen Anrede zu allgemeinen Betrachtungen über wie in dem Gedicht an Philipp de Monte, wo sie allgemein über Musik spricht. Manche Gedichte bringen christliche Betrachtungen, sie weiß aber auch anschaulich zu erzählen wie in dem Gedicht auf die Moldau-

Überschwemmung in Prag. Sie kennt ihre Grenzen und bleibt im Bereich dessen, was sie kann, stilistisch gewandt und klangvoll in der Sprache. Sie kommt von dem deutschen Späthumanismus her, doch dieser betonte immer, die Dichtung sei „ars poetica" (dichterisches Können), sie aber betont, Dichtung sei „gratia Dei" (Gnade Gottes). Der Erfolg ihres Gedichtbandes, der 1602, dann um 1608 und noch einmal 1612 erschien, war groß. Melissus aus Heidelberg, der Fürst der deutschen Neulateiner, sandte ihr den Dichterlorbeer. Die in ganz Europa berühmten Neulateiner aus den Niederlanden, Scaliger, Heinsius und Dousa, priesen sie in Gedichten und in Briefen. Während die Werke des Pontanus nur in katholischen Kreisen beachtet wurden, las man die Gedichte der Westonia in ganz Deutschland und fand in ihnen alle wichtigen Namen des Rudolfinischen Kreises. Leider starb sie schon mit 30 Jahren, 1612, in dem gleichen Jahre wie der Kaiser. Sie wurde allgemein betrauert, und es entstanden so viele Trauergedichte, daß man einen kleinen Band daraus machte. Später hat Fleming ein begeistertes Gedicht über sie geschrieben. Ihr Name blieb das ganze 17. Jahrhundert hindurch bekannt, und mit ihm verband sich der Gedanke an den Rudolfinischen Kreis, in dem es mancherlei Ungewöhnliches und so auch diese neulateinische Dichterin gegeben hatte. – Zu den einzigartigen Dingen des Rudolfinischen Kreises gehörte auch, daß der Hofrat Wacker eine Tochter Maria Helena hatte, die mit 8 Jahren lateinisch sprach, mit 9 Jahren griechisch. Man behandelt sie aber nicht als Wunderkind, sondern nahm in der gelehrten Atmosphäre dieses Kreises ihre Fähigkeiten mit freundlichem Interesse auf. Als sie mit 10 Jahren starb, wurde sie in dem Prager Kreise allgemein betrauert.

Der Rudolfinische Kreis war durch den Kaiser zusammengezogen und entsprach dessen persönlichen Interessen. Es gab bei ihm nicht wie an anderen Höfen Festaufzüge und Theater. Desto mehr wurde für Wissenschaft, Malerei und Bildhauerkunst getan. Der Kaiser gab diesem Kreise seiner Wahl aber nicht eine feste Form als Akademie oder gelehrte Gesellschaft. Das hing mit seinem zurückgezogenen Leben und seiner Abneigung gegen Repräsentation zusammen. Rudolf bevorzugte keine Konfession – darin war er für seine Zeit ungewöhnlich – und keine Landschaft. Kepler kam aus Schwaben, Ruland aus Bayern, Goldast und Joseph Heintz stammten aus der Schweiz, Hans von Aachen aus Köln, Theobald Hock aus der Rheinpfalz, Melander aus Hessen, Pontanus von Breitenberg aus dem Sudetenland. Besonders groß war die Gruppe der Niederländer: Spranger, Regnart,

7. Elisabeth Westonia. Porträtzeichnung ohne Künstlernamen. – Hessisches Landesmuseum Darmstadt.

Hoefnagel, Sadeler, Typotius, de Boodt und andere. Dabei ist zu beachten, daß es Mode war, den Namen italienische oder lateinische Formen zu geben. Philipp de Monte war Niederländer, ebenso waren es der Hofrat Barvitius und der Intendant der Hofkapelle Chimarrhaeus. Aus Dänemark kam Tycho Brahe, aus England die Dichterin Westonia. Aus Italien stammten des Kaisers Antiquar Strada, der Maler Arcimboldi und der Philosoph Giordano Bruno. Es muß in diesem Kreise ein seltsames Sprachgemisch geherrscht haben, denn in der gesprochenen Sprache klang das Mundartliche damals noch stark durch, nur die „Kanzleisprache" bemühte sich um Einheitlichkeit. Die Gelehrten sprachen untereinander Latein.

Die Epoche Rudolfs II. war für Deutschland eine kulturell reiche Zeit. Es gab zwar keine so bedeutenden Gestalten wie in der ersten Hälfte des Jahrhunderts Luther, Erasmus von Rotterdam und Dürer, aber die geistige Kultur hatte sich verbreitert und verfeinert. Man hatte mehrere neue Universitäten gegründet und viele neue Lateinschulen, so daß es im Vergleich zu dem Beginn des Jahrhunderts eine viel breitere Schicht lateinisch gebildeter Männer gab, die an dem literarischen Leben teilnahmen. Ein Jahr nach Rudolfs Thronbesteigung, 1577, erschienen 553 Bücher. Von da an stieg die Produktion ständig. Ein Jahr nach dem Tode des Kaisers, 1613, waren es 1780. Von da an ging die Zahl zurück, zumal durch den Dreißigjährigen Krieg. Die Bücherzahl der Rudolfinischen Zeit wurde erst wieder erreicht, als Goethe fünf Jahre in Weimar war. Im Jahr 1780 erschienen wieder so viele Bücher wie 1613.

Die Regierungszeit Rudolfs II. war eine friedliche Epoche. Es gab zwar den Türkenkrieg in Ungarn, doch das berührte das innerdeutsche Leben kaum. Die einstigen Kämpfe zwischen den einzelnen deutschen Fürsten hatten aufgehört. Wegen dieser Verhältnisse konnte sich das Post-Wesen rasch entfalten, und das wurde bedeutsam für die Wissenschaft. Es gab noch keine Zeitschriften. Wissenschaftliche Kontakte waren bisher schwierig gewesen und hatten meist mühsame Reisen erfordert. Jetzt begann eine lebhafte wissenschaftliche Korrespondenz, meist in lateinischer Sprache. Durch sie erfuhren die Gelehrten in Prag, in Heidelberg und in Leiden wechselseitig, was gearbeitet wurde und welche Bücher erschienen. Es wurde Mode, Gelehrtenbriefe zu drucken, deswegen hat z. B. der Gedichtband von Elisabeth Westonia einen Anhang mit Briefen von ihr.

Der Rudolfinische Kreis hatte für die Zeitgenossen viel Wunderbares, denn es gab in ihm manches, was es sonst nirgendwo gab, eine riesige Kunstsammlung, eine ganze Schar von Malern, Kupferstechern, Edelsteinschleifern und Kunsthandwerkern, zwei Universitäten verschiedener Konfession an einem Orte, eine gelehrte Dichterin, ein Wunderkind, das mit 9 Jahren lateinisch und griechisch sprach, Löwen unter freiem Himmel im Tierpark des Kaisers und vieles andere. Da der Rudolfinische Kreis sich mit so schwierigen Dingen wie der Makrokosmos-Mikrokosmos-Spekulation und deren Anwendung in der Chemie und Medizin befaßte, blieb nicht aus, daß Alchimisten hier ihre Künste anpriesen und behaupteten, Gold machen zu können, und daß Glücksritter sich eindrängten und sagten, von den Geheimwissenschaften viel zu verstehen. Meist mußten sie nach einiger Zeit das Land wieder verlassen. In der Erinnerung des Volkes aber blieben gerade die Alchimisten und Schwätzer lebendig, nicht eine Gestalt wie Kepler. Man zeigte später auf der Burg das „Goldmachergäßchen" und sagte, daß dort die Alchimisten gehaust hätten, es waren aber, wie aus den Urkunden hervorgeht, Wohnungen von den Soldaten der Burgwache.

Von den Leistungen aus dem Prager Kreise hat manches lange gewirkt, aber in anderen Landschaften als in Böhmen. Oswald Crolls Buch über Arzneimittel samt der beigegebenen Makrokosmos-Mikrokosmos-Lehre wurde im Zeitalter des Barock immer wieder neu gedruckt. Keplers Forschungen waren hundert Jahre lang grundlegend für die Forscher in Astronomie und Optik und für die Seefahrer, die sich nach den Sternen orientierten. Das Emblemata-Buch des Typotius blieb während der ganzen Barock-Epoche viel beachtet und wird z. B. von Gryphius genannt. Auch die Novelle des Niklas Ulenhart erschien in mehreren neuen Auflagen. Sie regte Grimmelshausen an, das Volk der Landstreicher darzustellen und eine realistische Sprache zu gebrauchen. Gleichsam wie einen Dank dafür hat er Ulenharts Novelle ganz am Beginn seines „Simplizissimus" erwähnt. Die Porträtstiche des Aegidius Sadeler machten Schule für den Porträtstich des 17. Jahrhunderts, und im Jahre 1675 schrieb Sandrart in seiner „Teutschen Academie", daß „in allen Landen jeder nur Aegidii Sadelers Manier nachfolgen wollte". Die Dichterin Westonia wurde länger als hundert Jahre als Beispiel genannt, daß eine Frau lateinische Dichtung machen könne und damit in den Kreisen des Hofes und der Gelehrten höchste Anerkennung erringen könne.

Der große tschechische Denker Amos Comenius verließ als Mitglied der Böhmischen Brüder 1625 Böhmen wegen der Rekatholisierung. Er schrieb später eine Geschichte der Verfolgungen der Brüderunität, „Synopsis historica persecutionum ecclesiae Bohemicae“, 1647, und pries darin Rudolf II., den friedlichen Herrscher, welcher die Brüdergemeine, die nur religiöse Ziele hatte, ungestört ließ. Er arbeitete sein Leben lang an einem großen pansophischen Werk, das er bei seinem Tode handschriftlich hinterließ, nachdem er im Druck 1693 „Pansophiae prodromus“ (Vorläufer der Pansophie) und 1643 „Pansophiae diatyposis“ (Veranschaulichung der Pansophie) herausgegeben hatte. Hier zeigt sich, daß die Rudolfinische Pansophie die Überleitung war von dem, was das 16. Jahrhundert über den Zusammenhang von Mikrokosmos und Makrokosmos theoretisiert hatte, zu dem Systemdenken des Barock.

Kaiser Rudolf II. galt während des 17. Jahrhunderts als Beispiel eines friedliebenden Mäzens. In diesem Sinne schildert ihn Sigmund von Birken, „Ostländischer Lorbeerhayn“, 1657, ebenso Joachim von Sandrart, „Academie“, 1675, und noch Arnolds „Kirchen- und Ketzer-Historie“, 1699. Er hatte den Künstlern einen Rang verliehen, den sie sich anderswo nur mühsam oder gar nicht erarbeiten konnten. Er hatte den Dichtern persönlich und mit Freude den Lorbeer überreicht. Es gab in seinem Umkreis keine Hexenprozesse. Er empfand sich als Kaiser aller seiner Untertanen, der Katholiken, der Lutheraner und der Calvinisten. Er genehmigte, daß in Prag neben der alten Universität, die hussitisch-utraquistisch war, eine neue Universität, die der Jesuiten, gegründet wurde. So gab es in Prag etwas, was es in ganz Europa nicht gab – so lange Rudolf lebte. Nach seinem Tode brach der Streit aus, die protestantische Hochschule hörte auf zu bestehen. Der neue Kaiser, Matthias, verlegte den Hof nach Wien. Der Dreißigjährige Krieg zerstörte in Prag weitgehend das Erbe der Rudolfinischen Zeit, die Kunstsammlungen gingen zum Teil zugrunde, zum Teil wurden sie anderswohin transportiert, von den Österreichern nach Wien, von den Schweden nach Stockholm. Doch die geistigen Leistungen wirkten weiter. Die Rudolfinische Pansophie war die Überleitung von dem, was das 16. Jahrhundert über den Zusammenhang von Licht der Gnade und Licht der Natur durchdacht hatte, zu dem Weltbild des 17. Jahrhunderts, das auf allen Gebieten die Idee einer einheitlichen Weltordnung straffer erfassen wollte. Und der Rudolfinische Manierismus war die Vorstufe zu dem Stil des Barock in Malerei und Dichtung.

Johann Matthäus Meyfart und sein Buch gegen die Hexenprozesse

Meyfart lebte 1590–1642, war also ein Zeitgenosse von Heinrich Schütz und Martin Opitz und etwas jünger als Johann Kepler (Abb. 8). In Deutschland tobte seit 1618 der Dreißigjährige Krieg, und zwar besonders in Thüringen, wo Meyfart lebte. 24 Jahre seines Lebens brachte er im Kriegsgebiet zu, wo es Plünderungen, Hunger und Seuchen gab. Zugleich gab es aber immer Gottesdienste, Schulunterricht und Universitäts-Vorlesungen, und Meyfart arbeitete mit äußerster Mühe, dies alles so gut wie möglich zu erhalten. Er und einige andere Männer dieser Zeit – Johann Arndt, Johann Valentin Andreae, Arnold Mengering – haben das geistige Leben auch in der Notzeit weitergegeben, so gut sie konnten, und das war nicht nur durch die äußeren Umstände schwierig, sondern auch durch die innere Situation: Die Tradition des Christentums hatte sich mit der des Humanismus, der im 16. Jahrhundert eine große geistige Macht geworden war, noch keineswegs gut zusammengefunden, und für das deutsche Volk mit Ausnahme der Gelehrtenschicht war die neue, auf die griechisch-römische Antike aufbauende Wissenschaft eine fremde Welt. Der angehende Theologe hörte alle Universitäts-Vorlesungen in lateinischer Sprache und machte in lateinischer Sprache seine Examina, er mußte dann aber vor Menschen aus allen Volkskreisen in deutscher Sprache predigen und die Verbindung von dem Gelernten zur Praxis schaffen. Das war viel schwieriger als zu Luthers Zeit, weil der Humanismus, der zu Beginn des 16. Jahrhunderts nur Eigentum einzelner Männer wie Erasmus und Hutten gewesen war, alle Universitäten und Schulen erobert hatte und große systematische Werke geschaffen hatte, von denen man nun ausging. In dieser geistigen Situation des beginnenden 17. Jahrhunderts wuchs Meyfart auf.

Meyfarts Vater war lutherischer Geistlicher in dem kleinen Ort Haina an der Nesse, der zwischen Eisenach und Gotha liegt. Wie es damals üblich war, unterrichtete der Vater den Sohn in Lesen und Schreiben und in den Anfängen des Latein und natürlich in Religionslehre. Dann kam der Knabe auf die Lateinschule in Gotha, wo man die Schüler darin ausbildete, möglichst bald lateinisch schreiben und

8. Johann Matthäus Meyfart. Kupferstich von Johann Dürr nach eigener Zeichnung.

sprechen zu können. Von der Sekunda an – d. h. etwa vom 15. Lebensjahr an – mußten die Gymnasiasten lateinisch sprechen, nicht nur im Unterricht, sondern auch beim gemeinsamen Essen, ja beim Spiel auf dem Hof. Sie sollten später, wenn sie zur Universität kamen, möglichst elegant Latein sprechen können. An allen Universitäten war Latein die Unterrichtssprache, ob in Jena oder Krakau, Leiden, Oxford, Paris oder Bologna. Neben dem Latein lernte man Griechisch, da dies für die Interpretation des Neuen Testaments besonders wertvoll war.

Mit 18 Jahren ging Meyfart als Student nach Jena, wo es seit 1558 eine lutherische Universität mit allen Fakultäten gab. Meyfart studierte, wie es vorgeschrieben war, zunächst an der „Artistenfakultät", d. h. der philosophischen Fakultät, wo man in Logik und Rhetorik ausgebildet wurde und wo man lernte, wie man lateinische Hexameter schreiben müsse. Nach den üblichen Semestern dort ging er zu der theologischen Fakultät über. Der Unterricht hier stand stark unter dem Eindruck der Gegenreformation. Nachdem in den Jahrzehnten nach Luther sich die Reformation weiter verbreitet hatte, war – für die Protestanten unerwartet – die Bewegung der Gegenreformation gekommen und hatte Gesamtdarstellungen des katholischen Systems der Theologie gebracht. Nun begannen die lutherischen Hochschullehrer, diese Lehren zu kritisieren und zu widerlegen.

Meyfarts Vater als Kleinstadtpfarrer konnte für seinen Sohn wenig tun. Meyfart ging deswegen eine Zeitlang als Erzieher in ein adliges Haus in Franken. Mit dem dort verdienten Geld studierte er dann seit 1614 in Wittenberg weiter, doch nun kam eine Geldentwertung durch die „Kipper", und es kamen ansteckende Krankheiten, an denen viele Wittenberger krank lagen, auch Meyfart, der außerdem im Winter frieren und hungern mußte. Er zog von Wittenberg krank zu seinen Eltern, erholte sich und ging dann nach Jena, wo er eine Stelle als „Adjunctus", eine Assistenten-Stelle an der Universität, erhielt. Sobald er in der Lehrtätigkeit war, trat seine Begabung dafür hervor. Deswegen wählte man ihn 1617 für eine Stelle in Coburg (Abb. 9) an dem dortigen akademischen Gymnasium.

Im 16. Jahrhundert hatte sich die Zahl der deutschen Universitäten vergrößert; Marburg, Königsberg, Dillingen, Jena, Helmstedt, Würzburg, Herborn waren neu hinzugekommen. Entsprechend hatte sich die Zahl der Lateinschulen vermehrt. In den protestantischen Ländern hatte man außerdem „akademische Gymnasien" gegründet, in Straßburg 1567, in Danzig 1578, in Hamburg 1613. An diesen konnte man die beiden ersten Semester studieren, ruhiger und sorgfältiger als an den Universitäten. In Coburg war 1605 ein solches Gymnasium eröffnet. Dort wurde Meyfart 1617 Professor, 1623 mit 33 Jahren wurde er Direktor. Er unterrichtete Theologie, aber auch Rhetorik, Geographie und andere Gebiete. Er hatte viel mit der Verwaltung zu tun, mit den feierlichen Disputationen, die zur Erlangung des Baccalaureus-Grads von Zeit zu Zeit stattfanden, und mit dem Theaterspiel der Schüler, das traditionsgemäß zu den Aufgaben der Schule gehörte, natürlich in lateinischer Sprache; ausnahmsweise konnten auch deutschsprachige Lieder eingeschoben werden, so bei einer „Sing-Comoedie" 1630. Hier kam Meyfart in Zusammenarbeit mit dem Coburger Komponisten Melchior Franck, der Schüler von Hans Leo Haßler gewesen war und viel für das Musikleben in der Stadt Coburg tat.

Meyfart heiratete 1618 eine Coburgerin. Allein bis zum Jahre 1627 wurden ihnen sechs ihrer Kinder durch den Tod entrissen. Die starke Kindersterblichkeit war damals nichts Seltenes. Eine Professorenfrau hatte nicht nur für Mann und Kinder zu sorgen. Der Professor hatte einige Studenten, um die er sich besonders kümmerte; entweder wohnten sie bei ihm oder sie waren zum Mittagstisch da, wo dann lateinisch gesprochen wurde. Da das Einkommen bescheiden war und, wenn die herzogliche Kasse leer war, lange auf sich warten ließ, waren solche Ergänzungen erwünscht und üblich.

Der Herzog von Coburg war im Kriege neutral geblieben, doch das nützte nichts in dem allgemeinen Kriegsgeschehen. Coburg hatte etwa 3000 Einwohner. 1622 kamen 6000 Mann Weimarische Truppen, 1623 kamen kaiserliche Soldaten, 1625 ebenfalls. Dann wurde es von Jahr zu Jahr schlimmer. 1627, 1628, 1629 kamen große Truppenmengen, jedesmal mehr als die Zahl der Einwohner, sie hausten grauenhaft. 1626 herrschte Hungersnot, 1630 wurde durch Mansfeldische Regimenter die Pest eingeschleppt, 1632 kam Wallenstein mit 8000 Mann. Und doch war es nicht so schlimm wie dort, wo die Truppen Winterquartiere bezogen oder wo Schlachten geschlagen wurden. Wenn die Soldaten wieder fortgezogen waren, bemühte man sich, das Leben zu normalisieren. Der Schulbetrieb ging weiter wie immer. Die Drucker wollten drucken und damit Geld verdienen, und Meyfart schrieb seine Bücher aus der Überzeugung heraus, gerade in der Notzeit den Geist wachhalten zu müssen. Während in Coburg Not herrschte, hatte Nürnberg seit 1632 Ruhe und konnte den Buchhandel weiterführen.

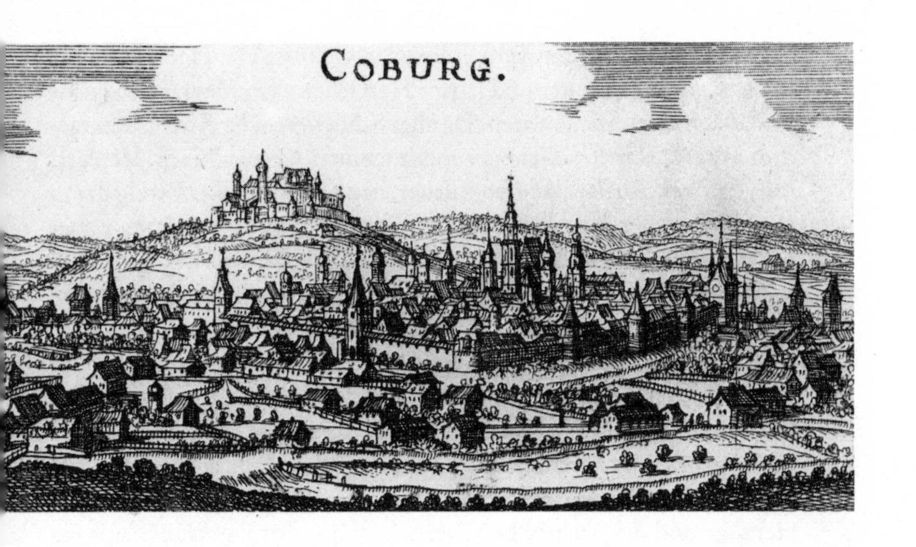

9. Coburg im 17. Jahrhundert. Stadt und Veste. Kupferstich eines unbekannten Künstlers.

Meyfart litt unter den Verhältnissen in Coburg. Der Herzog war ein intelligenter, aber kalter und harter Herrscher, dem Meyfarts religiöse Gedanken ganz fremd waren. Da alles Schulwesen der Kirche untergeordnet war, war der Generalsuperintendent Caspar Finck Meyfarts Vorgesetzter. Auch er schrieb Bücher, hatte aber weniger Erfolg damit als Meyfart. Auch er dozierte am Gymnasium, dort war nun aber Meyfart Direktor und mußte für die Ausgewogenheit des Lehrplans sorgen. Es gab quälende Spannungen. Zu Meyfarts Aufgaben gehörte auch, Predigten zu halten. Er war hochbegabt als Redner, das wissen wir aus vielen Zeugnissen. Die Coburger liebten seine Predigten mehr als die des Generalsuperintendenten. Daraus entstanden Schwierigkeiten. Meyfart sah die Hexenprozesse in Coburg, er begann, gegen die Hexenprozesse zu schreiben, er durfte sein Manuskript aber nirgendwo zum Druck anbieten, denn das war nicht im Sinne des Herzogs und der Sächsischen Zensur. Und er hatte noch ein anderes Gebiet, auf welchem er durch Kritik helfen wollte. Er hörte durch seine Schüler, die an die Universitäten gingen, von den Mißständen dort und wollte diese zur Sprache bringen. Aber auch das war gegen den Willen der Herrschenden. Er war also in Coburg in vieler Beziehung eingeengt. Da kam der Ruf nach Erfurt.

Erfurt hatte in dem vielgestaltigen deutschen Reich jener Zeit eine besondere Form. Es gehörte dem Erzbischof von Mainz, also einem katholischen Fürsten. Mehr als 90% der Einwohner waren aber lutherisch. Der Erzbischof tastete deren Lebensform nicht an, denn sonst hätte das mächtige Kursachsen zugegriffen und sich Erfurt angeeignet. Erfurt hatte eine Universität mit einer katholisch-theologischen Fakultät; in den drei anderen Fakultäten – der philosophischen, juristischen und medizinischen – waren viele Dozenten lutherisch. 1631 zog Gustav Adolf in Erfurt ein und stellte den Erfurtern in Aussicht, nach dem Friedensschluß eine Freie Reichsstadt zu werden. An der Universität wurde jetzt eine lutherische theologische Fakultät begründet. Erfurt besaß ein weites Umland mit etwa 70 wohlhabenden Dörfern. Deren Steuern, die bisher dem Erzbischof zugegangen waren, sollten nun in Erfurt der Universität dienen. Meyfart, nach Erfurt berufen, wurde Professor für Theologie und zugleich Dekan der Fakultät, 1634 wurde er Rektor. Er konnte sich nun frei entfalten, brauchte sich nach keinem Fürsten und keiner Zensur zu richten, denn die Erfurter unterstanden jetzt nicht mehr der Mainzer Zensur und wollten sich keineswegs der Leipziger Zensur unterwerfen. Die Schweden kümmerten sich um das Militärische, ließen aber in geistigen

Dingen den Erfurtern freie Hand. Meyfart als Rektor der Universität hatte eine gute Beziehung zu dem Bürgermeister der Stadt, Henning Rennemann, der an der Universität Professor für Rechtswissenschaft war. Meyfart konnte geistig ungehindert arbeiten, in der Hochschule mit seinen Studenten, am Schreibtisch für seine Bücher. Da aber kamen neue Schicksalsschläge.

1635 wurde der „Prager Friede" geschlossen, ein Sonderfriede unter deutschen Fürsten, während Frankreich und Schweden den Krieg weiterführten. Erfurt wurde wieder kurmainzisch. Der Erzbischof strich natürlich die lutherischen Lehrstühle. Meyfart stand ohne Geld hilflos da, man bot ihm eine Stellung als Gemeindepfarrer der Predigerkirche. Er nahm sie an und wurde bald darauf der höchste Geistliche für das ganze Erfurter Gebiet, „Senior" der lutherischen Kirche. 1636 marschierten die Schweden wieder in Erfurt ein. Doch Geld für die Universität konnten sie nicht mehr schaffen. Meyfart blieb Pfarrer. Zugleich aber kam ein zweiter Schicksalsschlag: die Pest. Meyfarts Frau starb, seine zwei Söhne starben, nur ein Kind in der Wiege blieb übrig. Erfurt hatte im Jahre 1632 eine Zahl von 13423 Einwohnern. Im Jahre 1636 starben 1765 Menschen, 1637 waren es 2436. Alle Sterbenden sollten betreut werden, alle Toten ordnungsgemäß bestattet werden. Die Pfarrer infizierten sich und starben ebenfalls. Meyfart setzte alle Kraft daran, so schnell wie möglich Theologiestudenten durchs Examen zu bringen und zu ordinieren und notfalls „Pestpfarrer" auszubilden, die kein vollständiges Studium hatten. 1637 heiratete Meyfart in zweiter Ehe und hatte nun für das übrig gebliebene kleine Kind eine Mutter. Er war in dieser Zeit pausenlos tätig als Senior der Geistlichkeit, als Gemeindepfarrer und als Universitäts-Professor, denn es waren immer noch Studenten da, die unterrichtet werden sollten und wollten. Vor der Stadt erschienen indessen kaiserliche Truppen und verwüsteten die Dörfer, so daß man in Erfurt hungerte. In dieser Zeit brachen Meyfarts Kräfte zusammen. Ende des Jahres 1641 wurde er bettlägerig, am 26. Januar 1642 starb er.

Als Meyfart 26 Jahre alt war, erschien sein erstes Buch, natürlich lateinisch, wie es für einen Gelehrten üblich war. Er hat bis zu seinem Tode lateinische Schriften veröffentlicht, aber seit seinem 35. Jahre auch deutsche, und diese wurden viel erfolgreicher. Meyfarts lateinische Werke zeigen den Geist des Lehrbetriebs an den damaligen lutherischen Hochschulen, den man auch aus anderen Zeugnissen kennenlernen kann. Meyfarts Leistung liegt anderswo, und für die lutherische Orthodoxie der Zeit ist bezeichnend, daß er ganz in den vorgeprägten Bahnen anfing und nur mühsam seine eigene Leistung erreichte.

Als Meyfart in Jena studierte, schrieb sein Lehrer Grauer an einem Werk gegen die katholischen Lehren, die in den Büchern von Coster, Bellarmin und Becanus dargestellt waren. Grauer starb, ohne es vollendet zu haben, und Meyfart übernahm die Fortsetzung dieses umfangreichen gelehrten Werkes. Der geistige Hintergrund dafür war die Entwicklung seit Luther. Dieser hatte den Rückgriff auf den Bibeltext gebracht. Seine Lehren hatten sich gleichsam von selbst verbreitet. Er hatte nie einen Plan gemacht, wie die deutschen Landschaften zu gewinnen seien. Er hatte Bibelauslegung vielfacher Art gebracht, nie aber ein systematisches Werk der ganzen Theologie verfaßt. Seine Anhänger dachten, seine Lehre sei so überzeugend, daß nie jemand, der zu ihr gefunden habe, wieder umkehren könne. Dann aber kam die Gegenreformation. Sie arbeitete von Rom und von Wien aus planmäßig und in Verbindung mit weltlichen Fürsten, und sie schuf umfassende Werke, in welchen das System der katholischen Kirche so schlüssig aussah, als könne es gar nicht anders sein. Die österreichischen Länder wurden um 1600 weitgehend rekatholisiert, und zu Meyfarts Zeit war das benachbarte Böhmen an der Reihe, so daß viele Protestanten von dort flohen, auch wenn sie Hab und Gut zurücklassen mußten. Auch in Coburg gab es solche Flüchtlinge. Meyfart setzte also das Werk Grauers fort, ein gelehrtes Buch gegen Becanus, den Beichtvater des Kaisers. Doch war das der richtige Weg, um der Gegenreformation und um den inneren Nöten der Menschen in der Zeit des Krieges zu begegnen? Ähnlich sind andere Schriften Meyfarts aus dieser Zeit: Sie bringen Auslegung von Bibeltexten und polemisieren gegen Katholiken und Calvinisten, natürlich immer in lateinischer Sprache. Zu Meyfarts Amtspflichten gehörte, daß er für seine Studenten Disputations-Thesen schrieb. Die Studenten mußten, um Examina zu machen, Thesen verteidigen, und diese wurden vorher als gedruckte kleine Hefte verteilt. Diese Thesen behandeln die gleichen Themen wie Meyfarts Bücher: Fußt die Kirche nur auf der Schrift oder auf Schrift und Tradition? Wie sind die guten Werke zu beurteilen im Zusammenhang mit Luthers Satz, der Mensch werde allein durch den Glauben selig? Wie läßt sich die lutherische Lehre von den zwei Sakramenten rechtfertigen im Gegensatz zu der katholischen Lehre von den sieben Sakramenten? usw.

Für seine Schüler schrieb Meyfart ein Buch „Ephemerides gymnasticae“, man könnte übersetzen „Tagebuch eines Gymnasiasten“. Es enthält Betrachtungen und Gebete für alle Situationen des Studentenlebens, auch vor dem Studium der einzelnen Fächer wie Metaphysik, Ethik, Staatslehre, Geographie usw., und es ist für Meyfart und seinen Lebenskreis bezeichnend, mit welcher Selbstverständlichkeit sich sämtliche Gebiete in das christliche Weltbild einbeziehen lassen. 1636 folgte ein Werk anderer Art: „De concilianda pace inter ecclesias evangelicas" (Über den zu stiftenden Frieden zwischen den evangelischen Kirchen). Es sagt, daß viel zu viel von den Gegensätzen zwischen Lutheranern und Calvinisten die Rede sei, anstatt auf das viele Gemeinsame hinzuweisen. Meyfart schreibt, daß die Theologen, anstatt die strittigen Spezialfragen untereinander zu erörtern, diese von der Kanzel aus vor den Gemeinden behandelten und dadurch die Gemeinden aufhetzten gegen diejenige Kirche, mit der man brüderlich zusammen leben sollte. Alle diese Schriften sind lateinisch. Zu seinen eigentlichen Leistungen kam Meyfart erst, als er anfing, deutsch zu schreiben.

Zu Meyfarts Amtspflichten in Coburg gehörten Predigten in der Moriz-Kirche, zumal dann, wenn der Generalsuperintendent krank oder verreist war. Zwei Predigt-Zyklen hat Meyfart zum Druck gebracht, zunächst 1625 fünf Predigten über das Buch Jona. Der bescheidene Jona vernimmt die Stimme Gottes, er möge sich aufmachen nach der großen Stadt Ninive und dort predigen, um sie von ihren Sünden abzubringen. Jona traut sich das nicht zu und flieht. Es folgt die Geschichte mit dem Walfisch, der Jona verschlingt und lebendig wieder an Land bringt. Jetzt vertraut Jona Gottes Fügung, geht nach Ninive, predigt und hat Erfolg, sogar bei dem König und dessen Leuten, alle tun Buße und beten. Meyfart malt die knappe Geschichte der Bibel etwas aus. Er schildert die innere Entwicklung in Jona und seine daraus folgende Erfülltheit und Tatkraft; sodann die geistige Umkehr der Bevölkerung, welche die Nichtigkeit von Reichtum, Wohlleben, Egoismus einsieht und zu Gottesdienst und Einschränkung hinfindet. Meyfart als Prediger spricht aus tiefer Besorgnis, alles wird auf die Gegenwart angewandt, er sagt, die Coburger sollten handeln wie Ninive. Unausgesprochen ergab sich für die Gemeinde die Frage: und Herzog Casimir? Hier war ein Prediger an die Grenze dessen gegangen, was man damals aussprechen durfte.

Der zweite Predigt-Zyklus behandelt das Jüngste Gericht, Himmel und Hölle. Der Titel „Tuba novissima" bedeutet: Posaune des Jüngsten Gerichts. Diese Predigten sagen, der Christ solle die Leiden seines Lebens hinnehmen im Hinblick auf das Leben nach dem Tode. Das

Gericht mit der Einleitung durch einen Engel und dem Richterspruch Christi wird ausgemalt, dann der Himmel mit seiner Herrlichkeit, dann die Hölle. Der Predigt über den Himmel fügt Meyfart ein Lied bei, das er selbst gedichtet hat, „Jerusalem, du hochgebaute Stadt". Gemeint ist das himmlische Jerusalem, der Himmel. In der Bibel hatte die Offenbarung Johannis manches darüber gesagt. Meyfart wählt nur wenig davon aus und spricht hauptsächlich von der Sehnsucht nach dem Himmel. Dadurch hat das Lied seinen innigen Klang. Es kam aus Meyfarts eigener Sehnsucht. Schon Luther hatte zu Predigttexten Lieder verfaßt, welche von der Gemeinde gesungen wurden, wobei dann jedem das in der Predigt Gehörte neu lebendig wurde. Diesen Brauch hatten manche Pastoren übernommen. Man war, wenn man solche Verse schrieb, nicht etwa ein „poeta", das war man nur, wenn man lateinisch dichtete nach antiken Regeln. Kirchenlieder waren Gebrauchstexte, die in Liederbücher kamen, der Verfasser war unwichtig.

Das Thema der Predigten über die „letzten Dinge" ließ Meyfart nicht mehr los. Er griff es erneut auf, und diesmal wurde daraus ein großes Erbauungsbuch. Die Kultur des 17. Jahrhunderts war eine christliche Kultur. Ihre Ausdrucksformen, zumal wenn sie an bedeutender Stelle standen, mußten diesen Geist aussprechen. Für den Architekten war es der Bau einer Kirche, für den Maler das große Altarbild. Für den Musiker war es ein kirchliches Oratorium, wie es zu Meyfarts Zeit von Schütz geschaffen wurde und später bei Johann Sebastian Bach seine Höchstform erreichte. Für den Theologen als Schriftsteller und für den Schriftsteller als Christen war es das große Erbauungsbuch. Der erste Teil, „Das himmlische Jerusalem", schildert die Freuden des Himmels. Meyfart bleibt im allgemeinen bei den Angaben, die er in der Bibel und bei den Kirchenvätern fand, er malt aber selbständig aus bei einer Begrüßungsrede Christi an die Ankömmlinge, und auch da, wo er sich vorstellt, daß seine verstorbenen Kinder im Himmel sind und daß er sie dort wiedersehen werde. Er nennt unter denen, die in den Himmel kommen, die Armen, die Witwen und Waisen, die verfolgten Bekenner der Wahrheit und die notleidenden Studenten. Die Erinnerung an die Zeit in Wittenberg, wo er und andere Studenten krank lagen, hungerten und froren, war bei ihm anscheinend immer lebendig. – Das zweite Werk, „Das höllische Sodoma", ist das Gegenstück zu dem vorigen und schildert die Leiden in der Hölle. Die Klagen der Verdammten werden in direkter Rede gebracht, unter anderem die Vorwürfe eines Sünders gegen den Pastor, weil dieser ihn nicht gemahnt habe. In der Hölle sind viele Fürsten, Amtleute, Offiziere, Prediger, weil sie durch Mißwirtschaft, Ungerechtigkeit, Krieg, Unwahrheit andere ins Unglück gebracht haben. – Der dritte Teil, „Das Jüngste Gericht“, schildert, wie die Engel zum Gericht blasen, ein Engel die Anklage erhebt, Christus sein Urteil spricht. Ein Thema, das Meyfart besonders am Herzen liegt, ist die Musik im Himmel. Zu dem Göttlichen gehört die höchste Form. Deswegen bringt er in seiner Prosa verschiedene Stufen der Sprache von schlichten Mitteilungen bis zu den Reden Jesu, die sprachliche Kunstwerke bis in jede Silbe sind. Doch Meyfart will nicht ein Prosakunstwerk schaffen, alles soll ein bescheidenes Erbauungsbuch bleiben, nur einzelne Stellen werden zu rhythmischer Kunstprosa.

Meyfarts Predigten und Erbauungsbücher richteten sich an das deutsche Bürgertum seiner Zeit. Die Studenten, die er unterrichtete, sollten gut predigen lernen. Die Anweisungen zur Redekunst, die man benutzte, waren aber alle lateinisch. Das lag an der Tradition. Die altjüdische Kultur hatte eine große Entwicklung der Predigt hervorgebracht, von den Propheten bis zu Jesus, nicht aber eine Theorie der Predigt. Die griechisch-römische Kultur hatte eine Theorie der Rede geschaffen, die Rhetorik, und zwar im Zusammenhang mit der politischen Rede und der Gerichtsrede. Demgemäß spielte in ihr die Überredung (persuasio) eine große Rolle. Eine Predigt im Gottesdienst oder bei einer Beerdigung ist aber nicht Überredung zum Christentum, sondern Ausdruck gemeinsamen Glaubens, Verinnerlichung. Die beiden Traditionen paßten also weitgehend nicht zueinander. Seit dem Beginn des Humanismus spielten die antiken Rhetorik-Werke von Aristoteles, Quintilian, Cicero, Martianus Capella eine große Rolle im Unterricht. In der griechisch-römischen Kultur hatte es zwar Tempel und Gottesverehrung gegeben, aber keine Predigt. So kamen also im 16. Jahrhundert zwei ganz verschiedene Traditionslinien zusammen, und es war den akademischen Lehrern meist nicht klar, wie verschieden diese waren. Sie glaubten, beides leicht vereinigen zu können. Die Studierenden hörten einerseits deutsche Predigten, andererseits hörten sie lateinische Reden (orationes) bei Universitäts-Feiern. Diese spielten zur Zeit des Späthumanismus um 1600 eine große Rolle und wurden in Sammelbänden gedruckt. Diese Reden hatten nicht nur die Aufgabe, Gedanken mitzuteilen, sondern auch die Würde des Geistes zu repräsentieren. Im Mittelalter waren alle Gelehrten Geistliche gewesen und waren als solche durch die Priesterweihe hervorgehoben. Seit der Reformation gab es den weltlichen Gelehrten, der sich mühsam seine Stellung gegen die Adligen und Fürsten erkämpfte. Meyfart sagt am Anfang seiner „Rhetorica“, daß in wichtigen Besprechungen die Fürsten und Adligen „sitzen und schweigen wie die Götzen“, während die Gelehrten stehn und reden. Sie hatten es gelernt seit ihrer Jugend, nicht nur das Durchdenken und Anordnen des Stoffes, sondern auch die Sicherheit des Vortrags.

Meyfart hat seine Studenten immer auch in Redekunst unterrichtet und zwei Werke dafür herausgegeben, zunächst für lateinische Reden sein „Mellificium oratorium“ (Oratorische Honigernte), eine Blumenlese aus den lateinischen Rednern des Späthumanismus, und zwar international zusammengestellt, auch mit Texten katholischer Redner – was manche Protestanten ihm übelnahmen. Sodann seine „Teutsche Rhetorica“, 1634. Hier handelt es sich um die Kunst der Rede in deutscher Sprache, vorwiegend um Predigten. Meyfart bemüht sich, die biblische Predigt-Tradition und die griechisch-römische Rhetorik-Tradition sinnvoll zusammenzubringen. Er läßt deswegen vieles aus der antiken Rhetorik weg, z. B. die Affekten-Lehre, und beschränkt sich auf die „Tropen“ und „Figuren“ und Allgemeines über Sinn und Technik der Redekunst. Er flicht viele Beispiele ein, die meisten aus eigenem Schaffen. In einem Punkt geht er über das hinaus, was in der Literatur zur Rhetorik stand. Er schreibt: „Eine künstliche Rede ist eine heimliche Harmoney oder Musica“ (II, Kap. 4). Er vergleicht die Rede mit einem großen Musikwerk. Das entsprach seinem eigenen Empfinden. Dieser Gesichtspunkt war zu seiner Zeit neu, und es gab noch keine Methode, ihn im einzelnen durchzuführen.

Die Erbauungsschriften und die Schriften zur Rhetorik hingen mit Meyfarts Tätigkeit als Theologe und als Gelehrter zusammen, auch wenn sie eigene Wege gingen. Nun aber begann er ein Buch über ein ganz anderes Gebiet, über die Hexenprozesse: „Christliche Erinnerung, an gewaltige Regenten und gewissenhafte Prädikanten, wie das abscheuliche Laster der Hexerei mit Ernst auszurotten, aber in Verfolgung desselbigen auf Kanzeln und in Gerichtshäusern sehr bescheidenlich zu handeln sei“. Die Hexenprozesse spielten eine große Rolle in ganz Deutschland. Die Coburger Prozeß-Akten, soweit sie erhalten sind, zeigen keine Beteiligung Meyfarts. Aber er erfuhr in der kleinen Stadt und aus der Umgebung vieles. In den Jahren, als er in Coburg lebte, wurden dort mehrfach Hexen hingerichtet, 1619 waren es 4, 1628 waren es 11 – bei einer Einwohnerzahl von etwa 3000. Am Ende seiner Hexenschrift schreibt Meyfart: „Mir ist nicht anders zu Sinnen als wenn Gott zu mir armen Diener saget: Errette die, so man töten will, und entzeuch dich nicht von denen, die man würgen will. Was sollen aufrichtige und ehrliche Theologen und Juristen tun? Die Hexenmeister wollen töten, die Martermeister wollen würgen. Sie sollen erretten diejenigen, welche die Hexenmeister unschuldigerweise töten wollen, und sich nicht entziehen von denjenigen, welche die Martermeister unschuldigerweise würgen wollen." Dieser Satz ist für einen Gelehrten jener Zeit sehr ungewöhnlich, denn er spricht von dem subjektiven Empfinden und spricht es klar und deutlich aus. Meyfarts Leistung mit diesem Buch kann man nur erkennen, wenn man es im Vergleich zu der übrigen Hexenliteratur sieht.

Man war der Meinung, die Hexen hätten mit dem Teufel einen Bund geschlossen und daraufhin mit diesem sexuellen Verkehr. Die Beziehung zum Teufel war gegen Gott. Sie hätte vor ein geistliches Gericht gehört. Die Hexenprozesse wurden aber vor weltlichen Gerichten behandelt, und die Richter hielten nach Möglichkeit Theologen und Mediziner fern. Die Prozesse wurden nicht wie normale Prozesse geführt mit Ankläger und Verteidiger. Die Hexerei galt als Sonderverbrechen (crimen exceptum). Eine Beschuldigung genügte, um jemanden zu verhaften. Ankläger und Angeklagte wurden nicht gegenübergestellt. Der Hexen-Prozeß war ein Inquisitions-Prozeß, d.h. die Angeklagten wurden so lange gefoltert, bis sie sich schuldig bekannten. Dann wurden sie verbrannt. Es wurden fast nur Frauen angeklagt, selten Kinder, noch seltener Männer. Die Angeklagten durften keinen Anwalt haben. In das Hexengefängnis durften nur die Henkersknechte gehen. Um zu untersuchen, ob die Frau einen „Alraun", ein Zaubermittel, bei sich habe, wurde sie von den Henkersknechten völlig entkleidet. Manche Verurteilte hat auf dem Wege zum Scheiterhaufen dem Geistlichen, den sie dann erst zu sehen bekam, gesagt, daß sie von den Henkersknechten wiederholt vergewaltigt sei. Der Besitz der Hingerichteten fiel der Obrigkeit zu, die dem Hexenrichter und den Henkersknechten einen guten Teil davon gab. Diese bezogen ohnehin ein Gehalt. Sie hatten ein einträgliches Gewerbe und hatten Interesse, immer neu Hexen im Gefängnis zu haben, aus finanziellen und aus sexuellen Gründen.

Die Bücher über Hexen stammten meist von gelehrten Männern, die nie die Hexengefängnisse und deren Elend gesehen hatten. Hexenrichter und Henker wurden brutale Männer, die die Tortur ohne jedes Mitgefühl durchführten, eine Gegenauslese. Die Gelehrten beriefen sich auf den Satz aus dem 2. Buch Mose 22,18 „Die Zauberinnen sollst du nicht leben lassen". Dieser Satz steht in der mosaischen Gesetzgebung, wo auch steht, man solle die Knaben beschneiden, die Männer sollten sich Bärte wachsen lassen, man dürfe kein Fleisch von Schweinen und Hasen essen usw. Dies alles wurde in Deutschland im 16. Jahrhundert nicht beachtet, aber den Satz über die Zauberinnen zitierte man, obgleich im alten Israel nicht an Hexen im Sinne des 16. Jahrhunderts gedacht war.

Die Hexenliteratur beginnt mit dem „Malleus maleficarum" (Hexenhammer) 1489. Im 16. Jahrhundert war das Hexenthema noch wenig bedeutsam, erst um 1580 stieg die Menge der Hexenliteratur: Jean Bodin 1580, Scribonius 1588, Binsfeld 1589, Delrio 1599, Johann Elliger 1629, Benedict Carpzow 1635 und viele andere. Fast alle diese Werke erlebten eine hohe Auflagenzahl. Die Geistlichen, die sonst gehalten waren, sich über sexuelle Dinge wenig zu äußern, konnten hier alles breit ausmalen und wußten zu berichten, daß das Sperma des Teufels eiskalt sei und daß dieser, da er als Geist kein Sperma habe, sich dieses von Männern geholt habe, denen er in Frauengestalt (als „succuba") genähert war. Die Juristen eiferten, sie würden durch strenge Prozesse das Land hexenfrei machen. Besonders scharf war darin der Leipziger Strafrechtler Carpzow, der bei so vielen Hexenprozessen Gutachter war, daß man sagte, er habe mehr als tausend Hexen ums Leben gebracht. Sein großes Werk über Strafrecht galt in Mitteldeutschland als Grundlage.

Es gab im 16. Jahrhundert, das eine Zeit geistiger Vielfalt war, auch Bücher gegen die Hexenprozesse. Der westfälische Arzt Johann Weyer schrieb 1563, es gebe zwar krankhafte Einbildungen, aber nicht Frauen, die durch die Luft fahren können und mit dem Teufel coitieren. Auch der Bremer Arzt Johann von Ewich schrieb 1584 Ähnliches, aber diese Bücher blieben in der Minderzahl, und im 17. Jahrhundert wagte kein Verleger mehr, sie zu drucken. Im 17. Jahrhundert erschienen zwei anonyme Bücher gegen die Hexenprozesse. Das erste ist „Malleus judicum, das ist Gesetzhammer der unbarmherzigen Hexenrichter", in deutscher Sprache, ohne Ort, ohne Jahr, ohne Verlagsangabe. So vorsichtig mußte man sein. Das zweite ist „Cautio criminalis", in lateinischer Sprache 1631 in Rinteln erschienen. Wer es geschrieben habe, blieb unbekannt. Erst um 1700 hat Philipp v. Schönborn in einem Gespräch mit Leibniz verraten, daß Friedrich v. Spee der Verfasser sei. Das Buch zeigt Punkt für Punkt, daß die Prozesse ungerecht seien und die Folter nicht der richtige Weg sei, zur Wahrheit zu gelangen. Spee sagt, es sei unrecht, daß man auf bloße Verdächtigung hin Personen festnehme, diesen nicht sage, von wem sie angezeigt seien und wessen man sie bezichtige, daß man sie einfach frage, ob sie einen Bund mit dem Teufel hätten, und wenn sie es verneinen, sie foltere, bis sie, um die Folter loszuwerden, es bejahen.

Meyfart hat von den Schriften über die Hexenprozesse einige gekannt, aber das Akademische Gymnasium in Coburg, das erst 1605 gegründet war, hatte noch keine große Bibliothek. Meyfarts Hauptgegner, gegen den er sich wendet, ist Delrio. Von den Büchern gegen die Prozesse kennt Meyfart das Werk Spees, weiß aber natürlich nicht den Verfasser. Er geht in seiner Darstellung selbständig vor, erwähnt aber frühere Autoren, da es üblich war, „auctoritates" zu nennen.

Meyfart sagt, dadurch daß das Hexenwesen ein „crimen exceptum" sei, sei der Richter nicht an die normale Rechtsprechung gebunden. Damit öffnen die Regenten der Willkür Tür und Tor. Es ist schlecht, daß es hauptberufliche Hexenrichter gibt und daß sie desto mehr Geld verdienen, je mehr Prozesse sie führen. Es ist verkehrt, daß die Beschuldigten keine Verteidiger haben dürfen. Die Hexenrichter halten den Prozessen möglichst alle Theologen, Juristen, Ärzte und andere „Gelehrte" fern. Nur Hexenrichter, Henkersknechte und die Angeklagte sind dabei. Die Angeklagten erfahren nicht, wer sie bezichtigt hat. Leugnen sie die Tat, so werden sie gefoltert. Hier kommt Meyfart zu seinem wichtigsten Thema, der Folter. Er berichtet einen Vorgang. In einer Kirche wurde ein Kelch gestohlen. Man beschuldigte den Kirchendiener, er stritt es ab. Man folterte ihn, da bejahte er. Man verurteilte ihn daraufhin zum Tode. Am Tage vor der Hinrichtung fand man den Kelch bei einem anderen Mann; der hatte ihn gestohlen. Der Kirchendiener starb an den Folgen der Folterung. Man kann durch Folter Geständnisse erpressen, wenn die Gefolterten die Tortur nicht mehr ertragen oder wenn sie geistig nicht mehr klar sind. Gibt die Gefolterte zu, Hexe zu sein, wird sie verbrannt. Fällt sie in Ohnmacht, gilt das als Hilfe des Teufels, und sie wird verbrannt. Leugnet sie standhaft, so gilt das als Verstockung durch Teufelshilfe, und sie wird verbrannt. Verfällt sie in Wahnsinn, so gilt es als Zeichen, daß sie vom Teufel besessen sei, und sie wird verbrannt. „Sehr viele haben bejahet, was sie nicht getan, und haben bejahet aus Verdruß des Lebens und Begierde des Todes." (S. 262) Die Angeklagten werden unschuldig verurteilt und dürfen nicht einmal darüber sprechen. Auf diese Weise kann eine Gefolterte zuletzt sogar an Gott irre werden. Die Geistlichen, welche die Verurteilten zum Scheiterhaufen begleiten, erwarten Schuldbekenntnisse und schelten die Verurteilten, wenn sie diese nicht geben. Lieber sollten sie auf die Wahrheit horchen, die sie dort zu hören bekommen können. „Die Henker quälen nur den Leib, solche Geistlichen quälen die Seele." (S. 198) Die Hexenprozesse sind das Gegenteil von dem, was sie zu sein vorgeben. Sie drängen nicht das Teuflische zurück und helfen dem Guten zum Sieg, sondern sie sind gegen das Rechte und Gute, sie helfen dem Unrecht zum Sieg, sie sind also eine Erfindung des Teufels. Meyfart spricht mit einprägsamer Deutlichkeit die in seiner Zeit wagemutige Behauptung aus: Nicht in den angeklagten Frauen sitzt der Teufel, sondern in denen, die solche Prozesse befürworten und durchführen. Meyfart stellt also das übliche Bild auf den Kopf. Er sagt: Die Männer, die freiwillig Hexenrichter und Folterknechte werden, sind von Natur brutal, und ihre Tätigkeit verhärtet diese Roheit immer mehr. Man braucht andere Menschen bei der Durchführung der Prozesse. Hier kommt Meyfart gegen Ende des Buches zu praktischen Vorschlägen. Die eingegangenen Anzeigen soll das Gericht kritisch prüfen, um zu erkennen, was Vermutung und was Beobachtung sei. Beim Prozeß soll es Verteidiger geben. Man soll Gutachten der Ärzte und „Philosophen" einholen. Die Obrigkeit soll sich bis ins einzelne um die Prozesse kümmern und sie nicht einfach den Hexenrichtern und Folterknechten überlassen. Nachdem die Schäden und die sehr sachlichen und vernünftigen Vorschläge aufgezählt sind, wäre nach normalen Erwartungen das Buch zu Ende; aber nicht für Meyfart, den religiösen Visionär, der „Das himmlische Jerusalem" und das „Das höllische Sodoma" geschrieben hat. Er sieht vor sich, was aus den Menschen der Hexenprozesse wird. Die unschuldig gequälten Frauen kommen in den Himmel. Die brutalen Richter und Folterknechte aber kommen später in die Hölle, und so endet das Buch – anders als alle Hexenbücher des 16. und 17. Jahrhunderts – mit der Höllenfahrt der Hexenrichter. „Ja, das Augenblick wird kommen, das unumgängliche Augenblick, das unüberwindliche Augenblick, das unausbleibliche Augenblick, in welchem das Scheubild des Todes euch schrecken und erschrecken, euch stechen und erstechen, euch würgen und erwürgen will. Das Scheubild wird nicht achten auf eure Ämter und Würden, auf eure Titel und Knüttel, auf eure Bücher und Protokoll, auf eure Befehl und Urteil. Das Scheubild wird anfangen, euch zu quälen und in allen Gliedern durchängstigen... Endlich rauschet die elende Seele dahin, ausgeheischet von Teufeln, gezerret von Teufeln, geschleppet von Teufeln, verspottet von Teufeln, verspeiet von Teufeln, zerschlagen von Teufeln, beschrieen von Teufeln, vermaledeiet von Teufeln." (S. 268)

Das Werk ist ein für seine Zeit sehr persönliches Buch, weil Meyfart persönliche Erlebnisse einflicht und sein Verantwortungsgefühl, aus dem heraus er schreibt, deutlich bekennt. Es ist ein gemütvolles und humanes Buch, weil er sein Mitleid für die unschuldigen Opfer deutlich macht. Und es ist ein sehr mutiges Buch, weil er den Fürsten und Richtern schonungslos ihre Fehler aufzählt. Für Meyfarts Stellung zur Hexenfrage gibt es noch ein indirektes Zeugnis, seine eschatologische Trilogie. Im „Jüngsten Gericht" kommen alle Sünder vor, die verurteilt werden, in dem „Höllischen Sodoma" alle, die in der Hölle sind. Da sind die ungerechten Fürsten, die habgierigen Amtleute, die bestechlichen Richter, die feigen Pastoren, die Lügner, Ehebrecher, Säufer, Spieler, die brutalen Männer und die zänkischen Frauen – nur die Hexen fehlen. Meyfart hat sie nicht genannt, weil ihm keine Person begegnet war, der er Hexerei zutraute.

Meyfart schrieb dieses Buch „Christliche Erinnerung" 1631/32 in Coburg. Spees Buch war 1631 ohne seinen Namen erschienen. Es war lateinisch. Werke in lateinischer Sprache wurden von der Zensur anders beurteilt als solche in deutscher Sprache, denn man fürchtete bei deutschen Büchern, daß sie das Volk aufhetzen könnten. Von Coburg aus mußte jedes Druckmanuskript zunächst der sächsischen Zensur vorgelegt werden. Dort aber saßen die Eiferer der Hexenprozesse wie der Leipziger Jurist Carpzow. Dort achtete man auch darauf, daß die Fürsten nicht beleidigt wurden, und in Meyfarts Werk waren die Vorwürfe gegen die Fürsten gehäuft. Meyfart konnte nicht mit einer Druckgenehmigung rechnen. Er schrieb das Werk wie ein geheimer Revolutionär, getrieben von innerer Überzeugung. Dann aber kam 1633 der Ruf nach Erfurt. Das Erfurter Gebiet gehörte dem Erzbischof von Mainz, war aber von den Schweden besetzt. Man kümmerte sich dort jetzt weder um die mainzische noch um die sächsische Zensur, sondern machte die Zensur selbst, entweder der Rektor der Universität oder der „Senior" der lutherischen Geistlichkeit. Meyfart wurde erst Rektor, dann Senior. Die Wirrnisse des Krieges brachten also mit sich, daß er, der vorher durch den Fürsten Johann Casimir und die sächsische Zensur unterdrückt war, nun plötzlich sich frei entfalten konnte. In Erfurt gab es keinen Fürsten, man handelte so, als sei man Freie Reichsstadt. Meyfart fand einen Erfurter Verleger und brachte das Buch heraus. Es war gleichsam eine Revolution von oben, sie war zu diesem Zeitpunkt möglich. Bald darauf wurde durch den Prager Frieden Erfurt wieder kurmainzisch, es kam die Pest und es kamen die neuen Kämpfe rings um die Stadt. Da konnte der Verleger nichts mehr für das Buch tun. Während Meyfarts Erbauungsbücher in Nürnberg in immer neuen Auflagen erschienen und das „Mellificium oratorium" bei dem Leipziger Verleger stets in Neudrucken zu haben war, wagte kein Verleger des 17. Jahrhunderts sich an das Hexenbuch heran. Es erschien aber in Deutschland damals auch kein anderes Werk gegen die Hexenprozesse, anders als in Holland und in England. Erst im Jahre 1703, als Thomasius seinen Kampf gegen die Hexenprozesse begonnen hatte und die Luft der beginnenden Aufklärung dafür günstig war, brachte ein Anhänger des Thomasius, Johann Reiche, Meyfarts Buch in voller Länge noch einmal zum Druck.

Meyfart hat in seiner Erfurter Zeit noch ein zweites deutsches Werk veröffentlicht, das er von Coburg aus nicht herausbringen konnte, eine Schrift gegen die Universitäts-Verwilderung: „Christliche Erinnerung von der aus den evangelischen Hohen Schulen entwichenen Ordnungen und ehrbaren Sitten und bei diesen elenden Zeiten eingeschlichenen Barbareien". Es waren in der Tat „elende Zeiten", der Krieg dauerte bereits achtzehn Jahre. Es ist das Jahr, in welchem Gryphius sein Sonett „Trauerklage des verwüsteten Deutschlandes" schrieb. Weitgehend war eine Verwilderung zu spüren, zumal bei der jüngeren Generation. Die Studenten glichen sich in manchen Zügen den Soldaten an, zumal was raschen Lebensgenuß, Fechten, Trinken, Sexualität und Rücksichtslosigkeit betraf. An den protestantischen Universitäten hatte sich eine Unsitte verbreitet, gegen welche die Professoren machtlos waren, der „Pennalismus". Diejenigen, welche neu zur Universität kamen, wurden von den älteren Studenten empfangen und zu „Füchsen" erklärt. Sie mußten den „Schoristen" die Schuhe putzen, das Zimmer reinigen, Essen holen, mußten mit ihnen Fechtübungen machen, ihnen Geld leihen, mit ihnen trinken bis tief in die Nacht und sie dann nach Hause bringen. Sie mußten sie zu Vorlesungen begleiten, die sie für das eigene Studium nicht brauchen konnten, mußten für sie das Lehrbuch und das Kollegheft tragen und oft für sie Vorlesungsnotizen anfertigen. Wenn sie dies alles nicht taten, wurden sie von den übermächtigen Älteren systematisch gequält. Nach einem Jahr, sechs Wochen und sechs Tagen erfolgte die „Lossprechung". Fleming, der damals in Leipzig studierte, bezeichnete den jungen Studenten bedauernd als „mancipium", d. h. Sklave. Für die Studierenden war deswegen das erste Studienjahr eine verlorene Zeit, und das in einer Epoche der Armut und des Krieges, in welcher rasche Vollendung des Studiums nötiger war denn je. Meyfarts Empörung war berechtigt. In Coburg hatte es den Pennalismus nicht gegeben, in Erfurt gab es ihn ebenfalls nicht, weil die Universität katholisch gewesen war und die lutherische Fakultät neu anfing und also keinen alten Stamm von Studenten hatte. Die Hochburgen des Pennalismus waren Jena, Leipzig und Wittenberg, und das war für die Lutheraner peinlich, denn an den katholischen Universitäten gab es den Pennalismus nicht. Als Meyfarts Buch erschien, wurde es in Kursachsen kurzerhand verboten. In Anbetracht dessen, daß Meyfart ein hoher lutherischer Geistlicher war, war dies eine ganz ungewöhnliche Maßnahme. Damals hat ein Schüler Meyfarts eine Verteidigung geschrieben, unter dem Titel „Appendix"; da sagt er, man sei in Sachsen besonders empört gewesen, daß Meyfart nicht in lateinischer sondern in deutscher Sprache geschrieben habe, so daß alle Eltern von Studenten es lesen könnten. Eben das aber hatte Meyfart gewollt; man sollte wissen, was aus den mühsam zusammengesparten Geldern der Eltern und den bescheidenen Stipendien der Fürsten und der Städte wurde und wie die jungen Studenten zu leiden hatten. Meyfarts Buch verbindet berechtigte Kritik und gute Vorschläge mit großen Schwächen der Darstellung. Anscheinend hat Meyfart ein in Coburg in Eile geschriebenes Manuskript ohne Überarbeitung zum Druck gegeben. Das Buch hat große Längen und Abschweifungen, es bringt allzuviel Klagen. Seine Bedeutung liegt in der mutigen Kritik, hauptsächlich an den Fürsten und deren Amtleuten. Es hatte Sozialkritik schon bei Spangenberg, Georg Rost, Andreas Ortelius, Andreas Kesler und anderen gegeben, doch niemals mit solcher Schärfe und in so geschliffener Form, die sich zum prophetischen Pathos steigert.

Meyfart hat in seinen Erfurter Jahren noch andere Werke erscheinen lassen, teils in Erfurt, teils in Leipzig. Es war Sitte geworden, Leichenpredigten auf bedeutende Männer der Stadt zum Druck zu bringen, das geschah auf Wunsch der Angehörigen, und trotz der Kriegsnöte führte man diesen Brauch weiter, solange es möglich war. Den Predigten wurden oft lateinische Gedichte beigegeben, und so haben wir von Meyfart mehrere gedruckte Predigten dieser Art, außerdem lateinische Gedichte, die mitunter Bilder des Kriegselends einfließen lassen. Während diese lateinischen Gedichte mit Meyfarts Namen unterzeichnet sind, wie es die Sitte forderte, sind seine deutschen Kirchenlieder schwer festzustellen. Sie galten als Gebrauchsdichtung, die nicht zum Aufgabenbereich eines „Gelehrten" gehörte. Einige Texte in Liederbüchern von Melchior Franck sind vielleicht von Meyfart. An den Rang seines Liedes „Jerusalem, du hochgebaute Stadt" kommt aber keins dieser Lieder heran. Meyfart hat in den letzten Jahren seines Lebens auch eine Predigt auf Gustav Adolf zum Druck gebracht, ferner die Übersetzung eines lateinischen Erbauungsbuches seines Freundes Johann Michael Dilherr, und schließlich erschien nach seinem Tode eine kleine Schrift, in welcher er darstellt, wie unrecht es sei, daß Fürsten und Städte, wenn sie mit dem Geld knapp seien, den Schullehrern ihr Gehalt nicht auszahlten.

Die Fülle der literarischen Arbeit in einer Umwelt von Krieg, Pest und Hungersnot läßt sich wohl dadurch erklären, daß Meyfart einfallsreich und sehr rasch arbeitete. Er war überzeugt, daß es seine Pflicht sei, die Menschen zu warnen, damit sie nach dem Tode bestehen könnten vor Christi Gericht. Immer wieder mahnt er zur Buße und weist auf den Himmel, der nach allem irdischen Elend das Ziel der Seele sein müsse. Er schrieb seine Werke, obgleich er tagsüber mit Beerdigungen, Verwaltung, Universitäts-Unterricht überreich zu tun hatte. In seinen Schriften kommt oft das Thema der Krankheit vor als Schickung Gottes, nie aber der Gedanke, daß Krankheit auch Folge einer Lebensweise sein könne. Bei anderen Späthumanisten von Melissus bis Simon Dach, auch bei Meyfarts Lehrer Wilcke, gibt es das Lob der Gärten und der Erholung. Kein Wort davon bei Meyfart. Es gibt bei ihm nur pausenlose Arbeit, auch während der vorlesungsfreien Zeit. Daß seine schwächliche Konstitution bei solchem Leben nicht lange standhielt, ist verständlich.

Vergleicht man Meyfarts Erbauungsschriften mit anderen deutschen Werken dieser Art, so fällt auf, daß es bei ihm Partien gibt, deren Klang künstlerischen Charakter hat, also rhythmische Prosa. Doch er hat niemals ein Werk als ganzes in dieser Art geschrieben, sondern nur die höchsten und feierlichsten Partien, etwa die Reden Christi in „Tuba novissima". Meyfarts Kunstprosa hat erstens einen genauen Aufbau der Sätze, meist in parallelen Wiederholungen, zweitens einen eindrucksvollen Rhythmus. Die Anregungen stammen vor allem aus der Bibel, wo in den Reden Jesu (z. B. Matthäus 5,3–10 und 25,34–46) und in den Briefen des Paulus (z. B. 1. Korinther 13,4–8) Kunstprosa vorkommt. Vorbilder waren sodann die lateinischen Reden der Späthumanisten aus der Zeit von 1580 bis 1630. In besonderem Maße hat sodann Luther auf Meyfart gewirkt, dessen Psalmen-Übersetzungen rhythmische Kunstwerke sind, mit denen Meyfart aufgewachsen war. Während andere Leser damals bei Luther nur den Inhalt aufnahmen, empfand Meyfart auch die Form und führte sie weiter.

Im folgenden seien zwei kurze Abschnitte aus Meyfarts Kunstprosa gebracht. Dabei ist Meyfarts Wortlaut natürlich genau wiedergegeben, aber die Rechtschreibung ist modern, und die Sätze, die in dem Druck des 17. Jahrhunderts als fortlaufende Prosa gedruckt sind, sind in rhythmische Abschnitte geteilt, damit man beim Vorlesen mühelos die Phrasierung trifft. Es ist eine Prosa, die Meyfart zunächst als Predigt gesprochen hat und die dann bei der Niederschrift als Erbauungsbuch zum Vorlesen im Familienkreis gedacht war.

Aus der Schrift „Das jüngste Gericht", Ende des 2. Teils:

> Schaffe in mir ein neues Herz,
> das recht liebe und lebe,
> das recht handele und wandele,
> daß die vergangenen Ding mich nicht belustigen,
> die gegenwärtigen nicht verstricken,
> sondern die zukünftigen erfreuen.
> Es ist unfehlbar:
> nach welchen ich jetzunder in wahrer Buße seufze, nach welchen ich schreie, nach welchen ich hoffe, von welchen ich rede, von welchen ich dichte, von welchen ich predige,
> das wird mir gegeben in der Auferstehung der Gerechten.
> O Herr, hilf, so ist mir zeitlich und ewiglich geholfen.
> Amen.

Mitunter verbindet sich die rhythmische Prosa mit lebhaft-anschaulicher Darstellung. So in „Das höllische Sodoma" (Kap. 6) bei dem Höllensturz:

> Wenn der Richter Christus Jesus den Sentenz gefället hat,
> wird geschwind der Seraph, der vor Zeiten den Weg zu dem Baum des Lebens verwachete,
> mit seinem bloßen hauenden Schwert
> wie der Blitz aus den Wolken herfürbrechen,
> seinen Gesellen vorfliegen,
> in gesamten Reihen fortziehen
> und mit äußerster Gewalt auf die Teufel und Verdammten dringen.
> Die Teufel müssen vor der unaussprechlichen Gewalt weichen,
> die Gottlosen vor Angst in allen Gliedern erbeben
> und in allen Sinnen verzagen,
> beide Teile aber nach dem höllischen Sodoma laufen.
> Denn es sind die Teufel vermischet mit den Gottlosen,
> und die Gottlosen mit den Teufeln vermenget.

Die Nachfolger treiben die Vorgeher,
die ersten stoßen die letzten,
die äußerste nötigen die mitteln,
weil der Zorn der Engel so grimmig,
die Stärk so mächtig,
die Waffen so feurig...
Und streiten die Cherubinen und Seraphinen aus allen und jeden Orten der Welt,
dergestalt, daß nur der Eingang zur Höllen unversperret bleibet.
Alsdenn erhebt sich das Jubel-Geschrei der Auserwählten,
welches sie mit dem Hosianna anstimmen,
mit dem Sela wiederholen
und mit dem Alleluja enden...
Aus dem Munde der Auserwählten gehet das Jubilieren und Jauchzen,
aus den Gliedern das Springen und Freuen.
Aus dem Rachen der Verdammten gehet das Ejulieren und Seufzen,
aus den Gliedern das Zittern und Zagen.
Aus dem Munde der Engel gehet das Singen und Loben,
Aus dem Rachen der Teufel das Brummen und Toben.
In diese widerwärtige Harmonei schallet das Krachen der Himmel,
das Brausen der Winde,
das Gegenheulen der Berge.
Die Auserwählten werden geführet zu dem Paradies,
die Verdammten gejagt zu der Höllen.
Das ist der gewünschte Tag –
Ziehet hin mit Frohlocken, ihr Auserwählten!
Das ist der elende Tag –
gehet hin mit Wehklagen, ihr Verdammten!

Die starken Akzente, der damit zusammenhängende Satzrhythmus und die Satzmelodie geben diesen Texten ihre Besonderheit. Das inhaltlich Gegensätzliche – die Guten und die Bösen – wird durch Parallelismus im Satzbau verdeutlicht. Beim Sprechen zeigt sich das deutlicher als beim stillen Lesen. Diese zwei Charakteristica – Architektonik der Sätze und Rhythmik durch Akzente – sind allgemein bezeichnend für Meyfarts Kunstprosa. So ausdrucksvolle Prosa hat im

17. Jahrhundert kein anderer in Deutschland geschrieben. Es ist die beste rhythmische Prosa zwischen Luthers Psalmenübersetzung und Klopstocks freien Rhythmen. Meyfart war aber so sehr Theologe, daß er nie daran dachte, in dieser Weise ein Prosakunstwerk zu verfassen. Doch es entsprach seinem religiösen Weltbild, das Höchste in feierlicher Form auszusprechen. Meyfart hat also Kunstprosa verfaßt, ähnlich wie er Kirchenlieder schrieb, er wollte aber nie Künstler sein, immer nur Theologe.

Auch das, was er gegen die Fürsten und deren Amtleute schrieb, war seelsorgerische Aussage, nicht einfach Sozialkritik, denn er wollte in erster Linie die Fürsten und Amtleute davor bewahren, daß sie nach dem Tode von Gott verurteilt würden und in die Hölle kämen. Meyfart sagt, die Fürsten bekommen eine gute Ausbildung, sie können in der Bibel lesen, sie können sich Geistliche zum Gespräch kommen lassen, sie können Fachleute fragen. Sie sollten bedenken, daß sie vor Gottes Gericht kommen. Je höher jemand steht, desto mehr Verantwortung trägt er, er steht nicht so da wie ein Bauer in der Einsamkeit, der nichts gelernt hat. Mit Meyfarts Worten: „Ein schrecklich Urteil wird fallen über Privatpersonen, ein schrecklicheres über die untere Obrigkeit, ein noch schrecklicheres über die hohe Obrigkeit, aber das allerschrecklichste über König und Kaiser. Denn je größer Gewalt und je höher Regiment Gott einem Menschen gegeben, je schärfere Rechenschaft wird er von ihme fordern, und wo er nicht bestehet, je härteres Urteil wird er fällen." (Tuba novissima, 4. Predigt, S. 100) Meyfarts Kritik knüpft zunächst an den Propheten Jona an, der von Gott beauftragt wird, Ninive zu bekehren, dann an den Propheten Hesekiel, zu dem Gott sagt, er solle seine Stimme erheben und warnen, wenn er das aber nicht täte und die Menschen, zu denen er sprechen soll, ohne seine Warnung blieben, werde Gott „deren Blut von ihm fordern", d. h. den Propheten für seine Unterlassung schwer strafen (Hesekiel, 3,17–19, 33,7–11). Es ist bezeichnend für Meyfart, daß er sich selbst in die unmittelbare Nachfolge des Propheten setzt. An die Formulierungen bei Hesekiel anknüpfend schreibt er: „Ihr gottlose Fürsten, Herren und Gewaltige, ihr müsset des Todes sterben, darumb daß ihr die armen Bürger und Bauer mit unerträglichen Schatzungen bis auf den äußersten Blutstropfen aussauget und zu bankettieren, stolzieren, turnieren anwendet... Ihr gottlose Fürsten, Herren und Gewaltige, ihr müsset des Todes sterben, darumb daß ihr die armen Bürger und Bauern mit unerträglichen Frondiensten zu dem tyrannischen und mehr denn teufelischen Jagen, unnötigen Bauen und Üppigkeit eurer Fuchsschwänzer und Schmeichler aussauget..." (Universitäts-Schrift, Buch 4, Kap. 6) Es gibt keinen anderen Schriftsteller des 17. Jahrhunderts, der in diesem Punkt so scharf geschrieben hat. Dabei war Meyfart keineswegs gegen Fürsten und Adel allgemein. Es gibt bei ihm auch gute Fürsten wie Johann Friedrich von Sachsen (Das himmlische Jerusalem, Buch 2, Kap. 16); auch ein Reicher kann christlich leben, und Armut ist kein Mittel, um sich den Himmel zu verdienen (Jerusalem, Buch 2, Kap. 27). Meyfart hatte in Coburg unter dem Herzog Johann Casimir gelitten und hatte viel an ihm auszusetzen. Hätte er politisch gedacht, so hätte er dann von Erfurt aus gegen ihn polemisieren können. Doch davon kein Wort. Der Grund ist: Wäre Meyfart in Coburg gestorben, hätte Gott ihn gefragt, ob er den Herzog und die Coburger gewarnt hätte. Er hatte getan, was er konnte. Jetzt in Erfurt hatte er andere Aufgaben. Er predigte vor der Bevölkerung und sorgte, daß auch in der Pestzeit, als mehrere Pfarrer starben, genug Geistliche da waren und alle Familien betreut wurden. Jetzt war die Frage Gottes: Hast du für die Erfurter gesorgt? In diesem Sinne sind auch seine Schriften gedacht.

Meyfarts Leben ist das Leben eines geistigen Menschen in Zeiten der Not. Er setzte alle seine Kraft daran, neben der Arbeit als Schulleiter und später als Pastor noch schriftstellerisch tätig zu sein. Dabei war er anfangs ganz in den Bahnen seiner akademischen Lehrer, denn er wollte etwas Gutes leisten, und er hatte bei diesen gelernt, man müsse lateinisch schreiben und Polemik machen. Erst allmählich kam er zu dem, was seiner Natur entsprach: deutsche Predigten und Erbauungsbücher, in mitreißender Art geschrieben. Dabei mußte er eine Sprache sprechen, die seine Gemeinde verstand. Da er nun aber in seiner Jugend nur in lateinischer Rhetorik geschult war, konnte er deren Formen, auch wenn er deutsch predigte und schrieb, nicht vergessen, er hatte also die Aufgabe, seinen eigenen Stil zu finden, und er fand ihn mehr vom Empfinden her als aus gelehrter Schulung. Ähnlich ist es in seinem Buch gegen die Hexenprozesse. Gegen eine zehnfache Übermacht von gelehrten Werken entscheidet er sich dahin, daß die ganze Hexen-Theorie falsch sei und die Prozesse bösartig seien. Solche geistigen Entscheidungen können durch die Nöte der Zeit mit Krieg und Pest erschwert werden, sie können aber auch gefördert werden, weil der Theologe und Schriftsteller in solchen Situationen nicht die kleinen Wichtigkeiten der Fachgenossen immer vor sich hat, weil er die Aufgaben des Tages wahrnimmt und die große Linie erkennt. Meyfart konnte seine Erkenntnisse wie die in der Hexenfrage nur durch Bücher zur Geltung bringen, doch er schrieb diese allzu schnell und deswegen oft nicht straff und ausgewogen; denn er schrieb immer in Eile, neben seiner täglichen Arbeit. Er hat für das Akademische Gymnasium in Coburg viel getan; während der Zeit seiner Leitung, 1623–1633, verdoppelte sich die Schülerzahl. Er hat später in Erfurt als höchster Geistlicher des Erfurter Gebietes aufopfernd dafür gesorgt, daß Gottesdienste, Beerdigungen, Konfirmationsunterricht usw. ordnungsgemäß stattfanden trotz Pest und trotz feindlicher Truppen vor der Stadt.

Das Wesentliche war ihm immer die Verkündigung der christlichen Botschaft und die Mahnung an die Menschen, so zu leben, daß sie nach dem Tode vor Gottes Urteil bestehen könnten. Er war überzeugt, daß man das geistig einsehen könne und daß die Männer des Geistes, zu denen er gehörte, da besondere Aufgaben hätten und vor Gott besonders schlecht dastehen würden, wenn sie diese nicht erfüllten. So hat er also in der Schule, von der Kanzel und in Büchern gesagt, was er für seine Pflicht ansah. Er war ein religiöser und literarischer Mensch in einer Zeit des Krieges, der Grausamkeiten, des Hungers und der Seuchen. In dieser Umwelt ein geistiges Dasein zu führen, war schwer, war aufreibend. Meyfart hat es geführt, weil er überzeugt war, daß es nötig sei, gerade in solcher Zeit das geistige Erbe lebendig zu erhalten.

Barocke Lyrik
Drei Sonette des Andreas Gryphius

Die beiden Pole literaturgeschichtlicher Betrachtung sind der allgemeine geschichtliche Überblick und die Einzelinterpretation. Einige Sonette des Andreas Gryphius gehören in den Bereich großer Dichtung. Ihre Sprache ist aber heutigen Ohren fremdartig geworden. Deswegen dieser Versuch einer Interpretation. Auslegungen von Lyrik gelingen am besten mündlich vor Hörern, welche den Text zur Hand haben und dann selbst mitreden können; doch das sollte nicht hindern, auch gedruckte Interpretationen zu versuchen.

Gryphius (Abb. 10) wurde 1616 geboren, zwei Jahre danach begann der Dreißigjährige Krieg. Das zum Bewußtsein erwachte Kind sah in Schlesien die Schrecken des Krieges. Er verlor den Vater mit fünf Jahren, dann mit elf Jahren die Mutter. Eine geistige Zuflucht bildete der christliche Glaube. Gryphius wuchs in lutherischer Umgebung auf. Er mußte sich auf verschiedenen Schulen durchbringen, wurde dann Lehrer im Hause des Grafen Schönborn und ging mit zwei Söhnen des Hauses als deren Hofmeister an die Universität Leiden. Dort rundete er seine universal gerichtete wissenschaftliche Bildung ab. Dann kehrte er in seine schlesische Heimat zurück und wurde Syndicus der Stände des Fürstentums Glogau. Seit 1648 war Friede, aber in Schlesien standen Reichsrechte gegen Landesrechte, Katholiken gegen Protestanten. Gryphius hatte deswegen eine schwierige Stellung. Neben seiner beruflichen Arbeit war er unentwegt dichterisch tätig, das zeigen seine Trauerspiele und seine Gedichte, darunter die Sonette, in denen er künstlerisch sein Bestes erreichte. Im Alter von 48 Jahren starb er, als er in einer Versammlung der Landesältesten eine Rede hielt.

Gryphius ist der größte Lyriker des deutschen Barock. Viele seiner Gedichte behandeln christliche Stoffe, z. B. die Sonntage und Feiertage, deren Bibeltexte er zum Thema von Sonetten machte. Es gibt bei ihm viel Religiös-Kirchliches, oft das Thema der Vergänglichkeit, außerdem Gedichte auf das Zeitschicksal, beachtenswert sind seine Selbstbildnisse in Sonettform, und nebenher, sehr sparsam, gibt es auch Liebeslyrik.

10. Andreas Gryphius. Kupferstich von Philipp Kilian.

In diesem reichen Werk ist das Maß des künstlerischen Gelingens sehr verschieden. Es gibt viele mittelmäßige und auch unbedeutende Gedichte, dann aber solche von hohem Können und einige Meisterwerke. In ihnen vereinigt sich das innere Erlebnis mit einem strengen Einhalten der barocken Form. Gryphius hat dabei seine eigene Sprachmelodie, schwermütig, und zugleich den Leser aufrufend. Aus dem Kreis seiner besten Sonette sind im folgenden drei Gedichte gewählt. Ihre Themenkreise sind: das Zeitschicksal, die ständische Ordnung, der Blick auf die Natur. Über diese Gebiete hat Gryphius viel nachgedacht. Es ist für ihn selbstverständlich, daß dabei immer die christliche Weltordnung im Hintergrund steht.

I

Tränen des Vaterlandes
Anno 1636

Wir sind doch nunmehr ganz, ja mehr denn ganz verheeret!
Der frechen Völker Schar, die rasende Posaun,
Das vom Blut fette Schwert, die donnernde Karthaun
Hat aller Schweiß und Fleiß und Vorrat aufgezehret.

Die Türme stehn in Glut, die Kirch' ist umgekehret.
Das Rathaus liegt im Graus; die Starken sind zerhaun,
Die Jungfrau'n sind geschändt; und wo wir hin nur schaun,
Ist Feuer, Pest und Tod, der Herz und Geist durchfähret.

Hier durch die Schanz und Stadt rinnt allzeit frisches Blut.
Dreimal sind schon sechs Jahr als unser Ströme Flut
Von Leichen fast verstopft sich langsam fortgedrungen.

Doch schweig' ich noch von dem, was ärger als der Tod,
Was grimmer denn die Pest und Glut und Hungersnot:
Daß auch der Seelen-Schatz so vielen abgezwungen.

Dieses Sonett ist, wie die Jahreszahl im Titel sagt, ein Gedicht auf den Zustand des Vaterlands im 18. Jahre des Dreißigjährigen Krieges. Gryphius veröffentlichte es 1637 im Alter von 21 Jahren, dann in überarbeiteter Fassung 1643. Es ist hier in der späteren Form wiedergegeben. Gryphius hatte seit seiner Jugend nur Krieg erlebt, denn dieser fing an, als er drei Jahre alt war. Das Gedicht beginnt mit dem Worte „Wir": Der Dichter spricht für das große allgemeine Schicksal.

Das Wort „Vaterland“ im Titel kann nach dem Sprachgebrauch der Zeit sich auf Schlesien beziehen, aber auch auf Deutschland als Ganzes. Im ersten Druck, 1637, lautet die Überschrift „Trauerklage des verwüsteten Deutschlandes“. Das Wort ist also in diesem Sinne zu verstehen.

Wir sind doch nunmehr ganz, ja mehr denn ganz verheeret!

„Verheeren“ kommt von „Heer“, im 17. Jahrhundert empfand man das noch.

Der frechen Völker Schar, die rasende Posaun,

„Völker“ bedeutet „Kriegsvölker“, Soldaten. Hier beginnen die Einzelbilder, jedes nimmt eine Halbzeile ein:

Das vom Blut fette Schwert, die donnernde Karthaun

Es sind nicht einfach Wirklichkeitsbilder: „die rasende Posaun“, „das vom Blut fette Schwert“ und in Vers 9 das Blut, das durch die Stadt rinnt – das ist eher visionär gesehen wie ein apokalyptisches Bild. Gryphius war wie viele seiner Zeitgenossen der Meinung, daß die Welt bald untergehen werde. Man nahm 6000 Jahre Weltzeit an, 4000 vor Christo, 2000 nach Christo, diese sollten aber nach Markus 13,20 verkürzt werden. Man konnte also in absehbarer Zeit das Ende erwarten. Deswegen die Anklänge an die „Offenbarung Johannis“, in welcher das kommende Ende beschrieben ist. Die „Posaune“ kommt in der Apokalypse mehrfach vor (1,10; 8,2; 8,12 u. 13; 9,13 u. 14) als Einleitung furchtbarer Ereignisse. So 9,13 ff.: „Und der sechste Engel posaunte... Und es wurden die vier Engel los, ... daß sie töteten das dritte Teil der Menschen.“ Ebenso gibt es dort das Motiv des Schwerts. Von den vier Todesengeln heißt es: „Und ihnen ward ein groß Schwert gegeben“ (6,4); „Und ihnen ward Macht gegeben, zu töten das vierte Teil auf der Erde mit dem Schwert und Hunger“ (6,8); „Und die andern wurden erwürget mit dem Schwert des, der auf dem Pferde saß, das aus seinem Munde ging.“ (19,21) In diesen Bilderkreis gehört auch das Blut. „Und es ward ein Hagel und Feuer, mit Blut gemenget.“ (8,7) Die grauenhaften Bilder der apokalyptischen Reiter, die ein Drittel der Menschheit umbringen, waren den Zeitgenossen bekannt. Gryphius hat diese Motive nur anklingen lassen. Daß er seine knappen Bilder so hält, daß sie realistisch und zugleich apokalyptisch-symbolisch sind, ist seine Kunst.

Hat aller Schweiß und Fleiß und Vorrat aufgezehret.

Das Verbum „hat" bezieht sich auf „Karthaun" (Kanone), aber auch auf „Schwert" und auf „Posaun"; „aller" (Plural, Genitiv) = von allen, also: „hat das durch Schweiß und Fleiß Hervorgebrachte aufgezehrt". So gibt das erste Quartett gehäufte Bilder des Kriegselends, und in der vierten Zeile tritt kurz die Andeutung des Friedens hinzu, doch nur rückschauend, im Unterton, nicht als pointierte Antithese.

Das zweite Quartett bringt ebenfalls Bilder des Krieges, in der Art des Barock eins ans andre gereiht – der stilistische Fachausdruck dafür ist „Häufung" –, diesmal sind sie wirklichkeitsnäher, aber nicht als augenblicklicher Eindruck, sondern zusammenfassend geordnet: die Türme (die wehrhafte Sicherheit), die Kirchen (das geistliche Leben), das Rathaus (die weltliche Ordnung), Männer und Frauen:

> Die Türme stehn in Glut, die Kirch' ist umgekehret.
> Das Rathaus liegt im Graus; die Starken sind zerhaun,
> Die Jungfrau'n sind geschändt...

Dann folgt eine Verallgemeinerung, auslaufend in einen Relativsatz, der die Wirkung andeutet, auf „Herz und Geist", d.h. Gefühl und Verstand, den ganzen Menschen:

> ...und wo wir hin nur schaun,
> Ist Feuer, Pest und Tod, der Herz und Geist durchfähret.

Die ersten zwei Strophen bringen also eine Zusammenschau von Motiven, die aus der Wirklichkeit als besonders sinnkräftig ausgewählt sind. Die künstlerische Kraft der beiden Strophen liegt einerseits in der Gewalt der Bilder, andererseits in der großen Fügung der Satzmelodie und des Versklanges. Das kommt nur beim Sprechen zum Ausdruck. Die erste Strophe beginnt mit einem allgemein gehaltenen einleitenden Langvers (1). Dann vier Einzelbilder, Halbverse (2–3), die Stimme steigt, das Tempo wird rascher. Danach wieder ein Langvers (4), der die Zäsur überspielt; die traurige Feststellung, daß alles vernichtet sei, wird zum langen ruhigen Satz; die Stimme sinkt. Die zweite Strophe wiederholt diesen Klang noch verstärkt. Fünf Einzelbilder in fünf Halbzeilen. Die Stimme wird rascher, lauter, ein Bild muß das andere übertönen, um noch zur Geltung zu kommen – danach wieder die Zusammenfassung, ein düster verallgemeinernder Langvers, der die Stimme sinken läßt und das Tempo verlangsamt. Dann eine Pause, gleichsam aus dem Gefühl: Was soll man angesichts dieses Elends mehr sagen? Zweimal also die Bildhäufung, die der Fülle des Elends und der leidenschaftlichen Erregung der Seele entspricht, und zweimal dann das traurige Abstandnehmen und Verallgemeinern. Wohin kann das Gedicht weiter führen? Was kann es mehr bringen als diese Bilder des Grauens und verallgemeinernde Worte der Klage?

Das nun beginnende Terzett scheint wirklich nicht weiterführen zu können:

> Hier durch die Schanz und Stadt rinnt allzeit frisches Blut.
> Dreimal sind schon sechs Jahr als unser Ströme Flut
> Von Leichen fast verstopft sich langsam fortgedrungen.

Wieder zwei – allerdings besonders grauenhafte – Bilder, höchst eindrucksvoll, aber keine beobachtete Wirklichkeit, das „Blut", das „durch die Stadt" rinnt und die „Ströme" – auch sie verallgemeinert – „von Leichen fast verstopft": visionäre Bilder, die doch an die Wirklichkeit anknüpfen, so daß die ganze Bilderreihe zwischen Vision und Wirklichkeit steht. Zu diesem Verallgemeinern, Zusammenschauen alles Geschehens gehört auch, daß die Dauer des Krieges genannt wird. Gryphius schreibt aber nicht „Es sind schon achtzehn Jahr", sondern „Dreimal sind schon sechs Jahr". Das ist eine rhetorische Formel, aber sie paßt hier gut; das endlos Lange dieses Krieges kann nicht einfach mit einer Zahl abgetan sein. Sechs Jahre trug man es, und dann noch einmal sechs Jahre, und dann noch einmal so lange – die Formel hat hier echtes Leben. Die reflexive Verwendung „sich dringen", etwa in der Bedeutung „vorwärts drängen", ist im 17. Jahrhundert häufig. Die Jahre haben sich wie die Flüsse langsam vorwärts gedrängt. Das Aufeinander-Bezogensein des Bildes der blutigen Flüsse und des Stroms der Jahre gibt eine Vision von düsterer Größe. Der Hinweis auf die Kriegsdauer führt auf die Überschrift „Anno 1636" zurück. Der Ring scheint sich zu schließen, nachdem alle Bilder des Grauens durchlaufen sind. Was ließe sich auch darüber hinaus noch sagen? Das Terzett ist beendet, aber noch steht der Endreim, steht das zweite Terzett aus.

> Doch schweig' ich noch von dem, was ärger als der Tod,
> Was grimmer denn die Pest und Glut und Hungersnot:
> Daß auch der Seelen-Schatz so vielen abgezwungen.

Wovon schweigt das Gedicht? Es geht dem Ende zu; es hat, wie Barockgedichte so oft, den Gipfel für den Schluß aufgespart. Nochmals folgt eine zurückblickende Zusammenfassung: Tod, Pest, Glut, Hungersnot, und zugleich eine betonte Steigerung „ärger", „grimmer". Was ist ärger als alles ausgesagte Elend? „Daß auch der Seelen-

Schatz so vielen abgezwungen". Damit ist ein neuer Gedanke gebracht. Er knüpft zwar an das Vorhergehende an, führt aber weit darüber hinaus, in eine neue Ebene, ins Innerliche. Das Ganze war bisher ein Aufreihen von Bildern, doch dadurch, daß es nicht einfach Beobachtungsbilder sind, sondern eine apokalyptische Landschaft, deutete sich schon ein Bezug aufs Religiöse an. Und jetzt am Ende erfolgt die volle Wendung ins Geistliche, ins Innerliche, Religiöse. Das Wort „Seelen-Schatz" ist eins der beliebten Komposita des Barock. Damals waren solche Wörter noch nicht so fest zusammengewachsen wie in späterer Zeit; es ist noch „der Seelen Schatz". Der Schatz, das kostbarste Gut der Seele, ist in der Wertordnung des Barock der christliche Glaube. „Der Seelen Schatz" ist aber auch die Seele selbst, die Seele als Schatz. „Abzwingen des Seelen-Schatzes" heißt zunächst ganz einfach, daß viele Menschen durch äußere, politische Gewalt zu einem Wechsel der Konfession gezwungen sind. Gryphius war Lutheraner, wie alle in seiner Heimatstadt Glogau. Seit 1625 setzte der Kaiser alles daran, Glogau katholisch zu machen. 1628 wurden die lutherischen Geistlichen vertrieben, und der kaiserliche Landeshauptmann holte Soldaten, welche die Einwohner gewaltsam in die katholische Kirche trieben. Die Glogauer taten wie geheißen, denn sie wußten, wie die durch lange Kriegsjahre verrohten Soldaten mit den Frauen und den Männern umgegangen wären, wenn sie zu Hause geblieben wären. Doch wie empfanden die Menschen, die so gezwungen dort waren, diesen Gottesdienst? Es bestand die Gefahr, daß ihnen alles Kirchliche fremd oder gleichgültig wurde, ja daß sie nicht nur im Kirchlichen, sondern auch im Christlichen unsicher wurden, daß sie also im Glauben schwach wurden oder ihn verloren.

Der Satz „Doch schweig' ich noch von dem ..." bedeutet: Von dem Schlimmsten ist noch nichts gesagt, dieser Satz deutet es nun zum Schluß kurz an. Auch er spricht Düsteres aus, aber während es anfangs hieß „wir", heißt es nun „so vielen". Damit ist angedeutet: Man braucht nicht zu diesen vielen zu gehören. Hier im Seelischen gibt es eine Freiheit. Hier liegt der Punkt, an welchem der Mensch im Chaos des Elends ansetzen kann. Er kann sein Christentum als Innerlichkeit bewahren und sich in ihm bewähren. In dem Gedanken der Schlußzeile liegt daher die Sinngebung des Ganzen. Der Mensch kann auch im höchsten Unglück das, was „ärger als der Tod", überwinden. Und indem die Weltuntergangsstimmung der vorigen Bilder noch nachklingt, erhält dieser Schluß einen besonderen Unterton: Er ist wie eine Mahnung zum Standhaftbleiben, um dann zu den „Auserwählten und

Gläubigen" (Offenb. Joh. 17,14; ähnlich Matth. 22,14; 24,22; Lukas 18,7; Römerbrief 8,33 u. ö.) zu gehören. Mit diesem Schlußgedanken erreicht das Sonett seinen Gipfel. Nach elf Zeilen grausiger, kaum steigerungsfähiger Bilder folgt diese Aufgipfelung am Ende in steiler Bewegung. Sie füllt genau das letzte Terzett.

Die Sonettform verlangt ein Gedicht von starker geistiger Bewegung. Dieses Sonett setzt mit einer breiten Verallgemeinerung in der ersten Zeile ein, bleibt danach durch drei Strophen bei seinem Thema, aber in Einzelbildern, und dann, am Ende, folgt die Wendung und Steigerung. Die Sonettform ist dabei streng eingehalten. Der Alexandriner entspricht in seiner Weiträumigkeit der Fülle dessen, was gesagt wird, er birgt in Halbzeilen die Vielfalt der Bilder, in Langversen die Zusammenfassungen. Sein stolzer, geschulter Schritt gibt allem feste Gestalt. Die strenge Gesetzlichkeit des Sonetts bändigt die düstere Fülle, auf die der Blick starrt, zu reiner Form und ist eben darum hier am Platze. Denn so herrisch-künstlerische Bändigung ist Triumph des Geistigen. Stand dem Chaos des Inhalts zum Schluß ein Gegenpol auf in dem religiösen Glauben, so bildet einen zweiten Gegenpol die strenge Gestalt. Eine gewaltige Bilderfülle des Kriegselends, die zwischen Realismus und Apokalyptik steht und mit einem von Schwermut überschatteten Hinweis auf die dem Menschen noch im Elend verbleibende innere Freiheit endet, vereinigt sich in diesem Gedicht mit einer straffen Sprache, die in immer neuen Wellen das Elend schildert, dazwischen und danach aber in langen ruhigen Sätzen Abstand und Überschau findet und in ihrer Zucht selbst eine Ordnung des Geistes gegen das Chaos der sinnlosen Gewalten stellt.

II

Auf den Einzug der durchläuchtigen Königin Mariae Henriettae in Angiers den 14. Augusti anno 1644.

Die Könige gezeugt, die königlich geboren,
Die Könige geliebt, die bei noch zartem Jahr
Ein König ihm vermählt, die Könige gebar,
Nachdem drei Kronen sie zur Königin erkoren,

Die Frau, auf welche sich viel tausend Mann verschworen,
Verhaßt bei ihrem Volk, geacht bei fremder Schar,
Bei Nachbarn sonder Lust, bei Freunden in Gefahr,
Verjagt ins Vaterland, vermißt, doch nicht verloren,

Die gegenwärtig schreckt, abwesend heftig kriegt,
Die Helden niederwirft und in der Sänften liegt,
Wirst du, erfreut Angiers, in tiefem Kummer schauen!

Schau an die Majestät, die in den Augen spielt,
Das Antlitz, das entdeckt die Sorgen, die es fühlt,
Und lerne, daß, was hoch, auch schmacht' in höher Grauen.

Das Gedicht nennt im Titel genau sein Thema, wie die meisten Gedichte von Gryphius. Der Dichter konnte voraussetzen, daß seine Leser schon beim Lesen der Überschrift wüßten, um was es sich handelte. Denn die Königin und ihre Schicksale waren damals ein Gegenstand allgemeiner Aufmerksamkeit. Henriette Maria, geboren 1609, war die Tochter von Heinrich IV. von Frankreich und Maria von Medici (Abb. 11). 1625 war sie die Gemahlin Karls I. von Großbritannien geworden. In den ersten Jahren ihrer Ehe war sie mit Hofleben, Kunst und vor allem mit ihren Kindern beschäftigt, setzte sich aber als Katholikin für die bessere Stellung der Katholiken im Reiche ihres Gatten ein. Als dann die Zeit des schweren Zerwürfnisses zwischen Karl und dem Parlament kam, trat sie immer mehr mit Energie und Geschick in eine politische Tätigkeit ein. Sie war beteiligt an den Plänen, führende Männer des Parlaments zu verhaften und Schottland gegen England auszuspielen. 1642 ging sie nach Holland – ihre Tochter Maria war mit dem Sohne des Statthalters Friedrich Heinrich von Oranien verlobt –, verkaufte ihre Juwelen und Kostbarkeiten, beschaffte Schiffe, Waffen und Soldaten und führte diese persönlich ihrem Gatten in Oxford zu, obgleich sie in England mit Schüssen empfangen wurde. Das Volk haßte sie, die Glaubens- und Landfremde, und zweifellos hat ihr Einfluß viel dazu getan, daß Karl I. die Vorschläge des Parlaments rasch und entschieden zurückwies. Ihre Rückkehr schien einen neuen Aufschwung der Königspartei zu bringen, dann aber kam am 2. Juli 1644 die schwere Niederlage bei Mastonmoor. Die stolze und ritterliche Königin ging, unmittelbar nachdem sie einer Tochter das Leben geschenkt, nun wieder aufs Festland, diesmal nach Frankreich, um eine sichere Zuflucht zu haben und von da aus politisch für ihren Gatten tätig zu sein. So kam sie im August 1644 durch die Stadt Angers. Andreas Gryphius befand sich im Sommer 1644 auf einer Reise durch Frankreich. Vielleicht geht sein Gedicht auf die Tatsache zurück, daß er ihren Einzug dort miterlebte. Er nennt jedenfalls im Untertitel den genauen Tag ihres Eintreffens. Vermutlich ist das Gedicht bald danach entstanden. Der erste bekannte

11. Henriette Marie, Königin von England (1609–1669). Kupferstich von Wenzel Hollar nach einem Gemälde von Anton van Dyck.

Druck ist der in der Frankfurter Gedichtausgabe von 1650. Es wurde später nicht verändert. Die Vorgänge in England waren in Deutschland mit Spannung verfolgt worden, besonders auch in Holland, wo Gryphius die letzten sechs Jahre vor seiner französischen Reise gelebt hatte. Er war dort in Leiden mit der Nichte Karls I., Elisabeth von der Pfalz, bekannt geworden. Leidenschaftliche Anteilnahme an politischen Dingen bewegte ihn seit jeher. Nun gab das Schicksal der englischen Königin ihm die Anregung zu diesem Sonett. Da es in deutscher Sprache geschrieben ist, sind als Leser weder die Bewohner von Angers noch die Königin gedacht. Das Motiv war nur Anlaß, seinen deutschen Lesern etwas zu sagen, was ihm am Herzen lag. Es ist kein Gelegenheitsgedicht im üblichen Sinne wie die höfischen Festgedichte, welche eine Bürgerschaft zum Empfang ihres Fürsten bei ihrem Dichter bestellte. Gryphius schrieb das Gedicht ganz von sich aus. Das Ereignis an sich konnte zu sehr verschiedener Stellungnahme Anlaß geben. Wer auf Seiten Cromwells und der Volkssouveränität war, konnte die Königin als politische Intrigantin verdammen oder höchstens – den Sturz ihres Gatten gutheißend – ihr persönliches Schicksal bemitleiden; wer in bezug auf die englischen Ereignisse neutral bleiben wollte, konnte ihr unverbindlich im Stil der üblichen höfischen Lyrik Huldigungen sagen und eine bessere Zukunft wünschen. Wer für sie Partei ergriff, konnte von ihrem Recht sprechen und von der Hoffnung auf Wiederherstellung des Königtums. Wie ergreift Gryphius dieses Thema? Warum ergreift er es überhaupt?

Schon die Überschrift sagt trotz ihrer reinen Sachlichkeit ein wenig über des Dichters Stellung. Es ist „Einzug“, königlich-feierlich, nicht Ankunft oder gar Flucht. Auch das Beiwort „durchläuchtigst“ fehlt nicht. Es war zwar damals die übliche Bezeichnung. Aber da es kein offizielles Gedicht war, wäre seine Fortlassung möglich gewesen. Beides betont das Königliche. Noch mehr aber tritt das hervor, wenn man den Beginn des Gedichts liest:

> Die Könige gezeugt, die königlich geboren
> Die Könige geliebt...

Dreimal das Wort „König“ oder „königlich“. Wie schroff ist dieser Anfang: Verkürzte Relativsätze, je eine Halbzeile füllend; nichts führt irgendwie in das Gedicht hinein. Eine Aufzählung: Könige waren ihre Eltern, königlich beging man ihre Geburt, Könige haben sie umworben, ein König heiratete sie, sie wurde Königin dreier Königreiche (England, Schottland, Irland), sie gebar königliche Kinder. Das ist das erste Quartett. Sechs Aussagen über sie, jede mit dem Wort „königlich". Alles an ihr also ist königlich, das allein wollen diese Verse sagen, deren Sprache selbst stolz und majestätisch klingt. Sie zeigen eine Strenge, die bis zur unliebenswürdigen Starrheit geht, denn angesichts der Majestät geziemt nur Ehrfurcht; der Dichter gleichwie ein Hofmarschall weist nur hin: hier ist Majestät; er sucht nicht für sie zu gewinnen, denn schon das wäre ein Herabsteigen. Das ganze Quartett ist kein Satz, sondern nur dessen Anfang, Teil eines Subjekts. Es klingt wie bei den Präambeln königlicher Dekrete oder den Ansagen des Hofmarschalls bei feierlicher Gelegenheit: Es ist der lange Atem der Aufzählung, der Größe verkündet.

Die zweite Strophe bringt endlich das eigentliche Subjekt, ein Hauptwort, „Die Frau", und sogleich eine Beifügung, welche die Schlichtheit dieses Worts in weite Zusammenhänge bringt: gegen sie, die Frau, haben Männer, Soldaten, sich verschworen, und zwar Tausende. Es handelt sich nun um das Schicksal der Königin als Vertriebene, Verfemte – eine Lage, die ihrem wahren Sein, welches die erste Strophe so schroff betonte, wenig entspricht. Daher folgen nun Antithesen, welche durch die Vers-Teilung scharf herausgearbeitet werden. Sie ist bei den Briten verhaßt, bei anderen Völkern geachtet, man sieht im Ausland ihre Anwesenheit nicht gern, und sie selbst ist nicht gern dort, an befreundeten oder verwandten Höfen drohen ihr Gefahren; den Menschen, welche zu ihr gehören, fehlt sie jetzt, sie wird von ihnen „vermißt", aber sie ist nicht „verloren", sie lebt, sie kann wiederkommen, sie ist tätig.

Diese Tätigkeit, die königliche Tätigkeit, Politik großen Stils, ist der Inhalt des ersten Terzetts. Ihre Gegenwart jagt Schrecken ein, auch aus der Ferne vermag sie Krieg zu führen – hatte sie doch in Holland Truppen geworben –, sie wird manchem Soldaten gefährlich und – wieder als schroffe Antithese durch die Zweiteiligkeit des Alexandriners pointiert – ist doch nur eine Frau und liegt in einer Sänfte. Damit ist zugleich zum ersten Male ein Bild gegeben, eine unmittelbare Situation. Das ist die Überleitung zum Folgenden: Die Bewohner von Angers werden sie sehen. Sie, die anscheinend so ruhig, so passiv in der Sänfte sich den Blicken darbietet, sie ist in Wirklichkeit alles das, was die Vordersätze sagten. Angers wird „erfreut" sein, erfreut, weil es einen königlichen Einzug gibt, erfreut, weil überhaupt der Bürger „erfreut" zu sein liebt und erfreut zu sein hat, wenn eine Königin erscheint, zumal die angestammte Königstochter. Wie aber ist sie? Die Antithese sagt „in tiefem Kummer". Die Zäsur des Alexandriners betont wieder den Gegensatz Bürger – Königin, erfreut – kummervoll, die vielen – die einzelne. Drei Strophen des Sonetts sind gefüllt. Sie sprachen fast nur davon, was diese Frau sei: Königin, Herrin, zwar Vertriebene, aber durch und durch Majestät. Ganz kurz wurde hinzugefügt: Das Bürgertum von Angers wird sie sehn, kummervoll, in einer Sänfte.

Nun folgt der Schluß. Von der Aussage wandelt sich der Satz zum Imperativ, „Schau' an" „Und lerne". Das Bürgertum gafft ein Schauspiel an, der Dichter führt zum Wesen, deutend, belehrend. Majestät ist Wesen, Eigenschaft, und zugleich stellt sie sich nach außen dar: Das Auge blickt anders als das des niederen Menschen. Es ist hier so wie bei den Helden auf Gemälden des Barock oder auf der Bühne: sie sind nicht nur Helden ihrem Wesen nach, sondern stellen sich auch als solche dar durch Aussehen, Geste, Haltung, Blick. Das Antlitz aber tut Sorgen kund. Majestät steht höher als andere, aber ist darum nicht weniger voll Sorgen. Im Gegenteil: „Und lerne, daß, was hoch, auch schmacht' in höher Grauen!" Im Sprachgebrauch der Zeit bedeutet „schmachten" leiden, verzehrt werden von etwas. Was hoch ist, leidet in höherem Leid. Das soll der Bürger „lernen". Der Dichter, der Gelehrte, welcher Gryphius ist, sagt es ihm. Es gibt ein „hoch" und ein „niedrig". Das ist nicht eine von Menschen gemachte Ordnung, sondern das ist im Sein begründet. Und was „hoch", leidet in „höher Grauen". Der hohe Mensch ist des Tragischen fähig – so würde man in moderner Sprache das sagen, was Gryphius meint. Es war für jene Zeit selbstverständlich, daß in der Tragödie nur Menschen auftreten, die „hoch" sind, die Helden sein können, und daß umgekehrt der niedere Mensch, der Schicksallose, Getriebene, nur Stoff zur Komödie sei. Bei jenem allein ist Entscheidung großen Stils, sind Schicksal und Wille, auch Schuld, vielleicht schuldlose Schuld, die über die Völker entscheidet, wie bei dieser Verfolgten, die „Helden niederwirft", d.h. Blut vergießt, um ihr Recht zurückzuerobern. Sie handelt und sie leidet, in allem „hoch", nicht wie jemand, der sich gleich Cromwell zum Führer aufgeschwungen hat, sondern als „Majestät", was sie dem Wesen nach ist. Der Bürger soll von der ernsten Frau in der Sänfte nicht denken, sie sei jetzt, gestürzt, nicht viel mehr als seinesgleichen, sondern innewerden, daß Majestät etwas seinsmäßig anderes ist. Darum am Anfang des Gedichts das schroffe, herrische Aussprechen des „königlich", sechsmal wiederholt, darum am Ende die Mahnung, nur das Hohe sei des Tragischen fähig und erheische darum Ehrfurcht. Gryphius glaubte an ein Gottesgnadentum. Sein Drama „Carolus Stuardus", welches das

Schicksal Karls I. darstellt, spricht diese Überzeugung in voller Breite aus, ebenso seine Einleitung zu seiner Übersetzung von Richard Bakers „Betrachtungen". Aber es bedarf dieser Ergänzungen nicht, um dieses Gedicht zu verstehen. Es spricht selbst alles aus, was zu seinem Gedankenkreis gehört, jenes Drama kann nur die Bestätigung bringen und bringt sie allerdings in überreicher Art, ebenso wie des Dichters Biographie.

Das Thema „Auf den Einzug..." ist also so behandelt, daß von dem Einzug selbst wenig die Rede ist. Den Bürgern – und die von Angers sind nur ein Motiv, ein Anknüpfungspunkt – wird das wahre Wesen der Königin gedeutet. Indem Gryphius von ihr und ihrem Schicksal spricht, wendet er zugleich alles ins Grundsätzliche. Dabei ist auffallend, wie sehr alle diese in kurzen Halbzeilen gehäuften Aussagen, die durchaus stilisiert wirken, zugleich der Wirklichkeit entsprechen. Alle Einzelangaben treffen zu: „auf welche sich viel tausend Mann verschworen" (die Puritaner in England), „verjagt ins Vaterland" (Fahrt nach Frankreich), „abwesend heftig kriegt" (diplomatische Arbeit für Karl von Frankreich aus), ja sogar „in der Sänften liegt" (sie kam in erschöpftem Zustande an, und hatte unmittelbar vor der Flucht einer Tochter das Leben geschenkt); so sehr das alles also porträtähnlich ist, so sehr ist dieses Porträt zugleich zur Allgemeingültigkeit erhoben, etwa wie Andreas Schlüters Reiterbildnis des großen Kurfürsten. Es ist ein ganz bestimmter Typ einer Fürstin: stolz, herrisch, politisch, tatkräftig, furchtlos, voll vitaler Kraft, in jeder Situation von vollendeter Haltung, sich nach außen darstellend als Majestät. Dies sind Züge, wie das Barock sie an seinen Helden liebte: tätig, lebenstrotzend, bewegt, majestätisch. Darum eignete diese Gestalt sich so gut für das verallgemeinernde Bild. Denn es geht, wie die Schlußwendung deutlich zeigt, um ein Allgemeines, das der Bürger „anschauen" und „lernen" soll: Es gibt Majestät, das gehört zur gottgegebenen Seinsordnung, es gibt Hoch und Niedrig. Auch das Hohe leidet, denn es ist Mensch, ja es kann in besonders schneidendes Leid kommen, es leidet königliches Leid. Das lehrt der Dichter erkennen. Er sagt es nicht einschmeichelnd, gewinnend, mitreißend, sondern scharf, stolz, gebietend. Das Gedicht selbst ist majestätisch in seiner abstandhaltenden und herrisch mahnenden Art. Diesem Ziel, das Wesen der Majestät herauszuarbeiten, dient auch der Aufbau. Er erinnert an einen königlichen Erlaß: Erst eine lange Aufzählung der fürstlichen Titel, Eigenschaften und Würden, dann eine kurze Aussage, schließlich ein Befehl an die Untertanen. Zuerst ist alles nur Subjekt, eine lange Häufung;

erst in Vers 11 rundet sich ein Aussagesatz; den Schluß bildet ein Imperativ. Hier ist der Höhepunkt des Ganzen. Die Sprache ist von Anbeginn weitbauschig, breit ausladend. Der Alexandriner mit seiner kraftvollen Länge und seiner Fähigkeit zum Großartigen, Majestätischen, paßt hierzu vortrefflich. Seine Halbzeilen hämmern zu Beginn die Wortwiederholung „königlich“ ein und dienen der Häufung; danach pointieren sie die Antithesen von Sein und Schein, Frauentum und Regentengröße, Bürgertum und Majestät; und schließlich arbeitet er epigrammatisch scharf die Lehre und Mahnung heraus. Selbstverständlich bleibt die Wortwahl im entsprechenden Bereich der gehobenen erlesenen Sprache. Es ist eine Sprache, in welche der heutige Mensch sich schwer hineinhört. Das Höfische gehört zum Wesen des Barock. Dichtungen, die es in reiner Form aussprachen, schufen in Frankreich Corneille und Racine. In Deutschland steht auf diesem Gebiet neben vielem Mittelmäßigen nur wenig Gelungenes. Das vorliegende Gedicht jedoch muß man zu diesem rechnen. Es bezeichnet den Rang und die Weite des Andreas Gryphius, daß ihm hier im Gebiete des Höfischen ähnlich wie in dem des Denkerischen und Religiösen vereinzelt solche vollendeten Leistungen gelangen.

III

An die Sternen

Ihr Lichter, die ich nicht auf Erden satt kann schauen,
Ihr Fackeln, die ihr Nacht und schwarze Wolken trennt,
Als Diamante spielt und ohn Aufhören brennt,
Ihr Blumen, die ihr schmückt des großen Himmels Auen,

Ihr Wächter, die als Gott die Welt auf- wollte bauen,
Sein Wort, die Weisheit selbst, mit rechten Namen nennt,
Die Gott allein recht mißt, die Gott allein recht kennt,
(Wir blinden Sterblichen, was wollen wir uns trauen!)

Ihr Bürgen meiner Lust, wie manche schöne Nacht
Hab ich, indem ich euch betrachtete, gewacht?
Herolden dieser Zeit, wenn wird es doch geschehen,

Daß ich, der eurer nicht allhier vergessen kann,
Euch, derer Liebe mir steckt Herz und Geister an,
Von andern Sorgen frei werd' unter mir besehen?

Die Überschrift nennt das Thema, und zwar nicht „Die Sterne", sondern „An...", also vom Menschen aus die Beziehung, die Anrede. Die erste Zeile spannt dann einen weiten Bogen: Die Sterne und der Mensch, der sie immer wieder mit innerer Erregung betrachtet, wobei der knappe Hinweis „auf Erden" andeutet, daß er sie später vom Himmel aus sehen wird. Also: Weltall, Mensch und göttliche Weltordnung, das große Thema des Gedichts, ist ganz verkürzt schon in dieser ersten Zeile genannt. Ihre Form ist die Anrede, welche dann das ganze Gedicht durchzieht. Sie beginnt mit Bildern, wie sie im Barock üblich sind, um einen Gegenstand zu preisen: „Ihr Lichter" usw. Der zweite, dritte und vierte Vers sind Lobpreis der Sterne. Die „Fackeln" leuchten vom Nachthimmel und durch die Wolken hindurch. Die Worte „als Diamante spielt" wirken lautsymbolisch durch ihre i-Laute anders als vorher „Nacht und schwarze Wolken". Die Bildlichkeit ist ein Hauptstilmittel dieser Strophe. Der Langvers läßt Raum für Relativsätze. Dabei wird der Klang variiert: Zweimal ein Einschnitt nach dem ersten Takt wie nach „Ihr Lichter". Dann aber der dritte Vers, der ganz ohne Einschnitt einen langen Bogen spannt: „Als Diamante spielt und ohn Aufhören brennt". Dadurch wird Eintönigkeit vermieden. Das Wort „ohn Aufhören" ergänzt das Bildhafte durch den Hinweis auf die Dauer, die Zeitspanne von der Weltschöpfung (wie sie am Anfang der Bibel beschrieben ist) bis zum Weltuntergang (wie er in der „Offenbarung Johannis" dargestellt ist).

Die erste Strophe zeigt schon die gepflegte, gehobene Wortwahl, die dann das ganze Gedicht beibehält, denn die Sterne sind ein erhabener Gegenstand, der eine hohe Stillage erfordert. Sie sind „Blumen" des Himmels. Der „Himmel" ist das, was der Mensch über sich sieht, ist aber vor allem der Bereich, in welchem Gott und die Engel sind und in welchen Jesus die Guten führen wird nach dem Jüngsten Gericht. Für das Weltbild dieser Zeit ist beides noch eins. Kurz vor Gryphius hatte noch Kepler dargestellt: Um die Sonne drehen sich die Planeten, dann aber kommt wie eine Kugel der Himmel, auf dessen Innenfläche die Fixsterne sitzen. Das entspricht also genau dem Satz aus dem 1. Buch Mose über die Schöpfung der Sterne (I,17); bei Luther: „Und Gott setzte sie an die Feste des Himmels"; in der lateinischen Bibel, die von den Gelehrten meist benutzt wurde: „Et posuit eas in firmamento caeli". Kepler war durchaus ein Christ, für den die Bibel Autorität war. Und nicht anders hatte Gryphius es gelernt, als er sich in den Jahren 1634–1636 in Danzig bei Peter Crüger mit Astronomie beschäftigte. Dies ist die Vorstellung, die dem Satz, daß die Sterne „des großen Himmels Auen schmücken“, zugrunde liegt. – Nach der vierten Zeile ist die Strophe zu Ende, denn das Gedicht ist ein Sonett. Sie brachte nur Anreden, es ist noch kein Satz daraus geworden.

Im 2. Quartett werden die Anreden fortgeführt: „Ihr Wächter“; wieder die gleiche Versgestalt und wieder ein Bild, doch dieses ist anderer Art; denn die vorigen waren dinglich-optisch (Lichter, Fakkeln, Diamante, Blumen) und bezeichneten Schmuck und Schönheit. Das Wort „Wächter“ aber weist in andere Richtung. Wächter werden aufgestellt von jemandem, in dessen Dienst sie sind, und stehen für einen Bereich, den sie bewachen. Die Sterne sind von Gott an ihren Platz gestellt, als er die Welt schuf; sie sind Wächter des Himmels. Während der Satz mit dem Beginn des 2. Quartetts weitergeht, nimmt der Sinn eine Wendung. Die Sterne waren bisher als Teil der Natur bewundernd wegen ihrer Schönheit gepriesen, jetzt werden sie zu Hinweisen auf Gott und seine Weltordnung. Gott hat, als er die Welt aufbaute, die Sterne „mit rechten Namen“ genannt; Gott hat das „Wort, die Weisheit selbst“. Hier ist angespielt auf den biblischen Schöpfungsbericht, in welchem Gott durch das Wort die Dinge ins Dasein ruft. Dort heißt es immer wieder: „Und Gott sprach...“ (1. Mose 1). Auch an anderen Stellen der Bibel wird diese Vorstellung genannt (Psalm 33,6 und 9; Psalm 148,5; Hebr. Brief 11,3). Diesen Gedanken, daß bei Gott allein das Wort ist, das im Anfang war und das den Menschen nie erreichbar ist, führt die nächste Zeile fort: Bei ihm allein ist die Kenntnis des Makrokosmos in seiner Weite und seiner Gesetzlichkeit. Der Mensch sieht zwar in den Makrokosmos hinein, erkennt aber nicht sein Gefüge und ist insofern „blind“; er darf sich nicht zuviel zutrauen, denn das wäre Überhebung. Der ganze weitreichende Gedankengang von der Weltschöpfung und Gottes Weisheit ist als Relativsatz an die Anrede „Ihr Wächter“ angeschlossen; die Wiederholung „Die Gott allein recht mißt, die Gott allein recht kennt“ wirkt stark betonend. Und der Gegensatz dazu, die Kleinheit des Menschen, ist nur in Parenthese eingefügt. Immer noch ist alles Anruf, immer noch ist kein Satzgefüge daraus geworden, deswegen darf die Stimme sich nicht senken; wir sind noch mitten im Satz, und doch ist das 2. Quartett schon zu Ende.

„Ihr Bürgen meiner Lust“. Noch einmal eine Anrede am Beginn des Verses und der Versgruppe. „Bürgen“ stehen für etwas, sie geben Gewißheit für etwas. Die Sterne als „Wächter“ des Himmels sind „Bürgen“ dafür, daß es einen Himmel gibt, in den der Dichter einmal einzugehen hofft, sie erregen die „Lust“ der Betrachtung Gottes und seiner Weltordnung. Die Wortwahl erinnert an Psalm 37,4 „Habe deine Lust an dem Herrn" (ähnlich Psalm 1,2 und 112,1). Mit dem Wort „meiner Lust" kommt das Ich wieder in das Gedicht, nachdem in den Versen 2–8 nur sachlich die Sterne genannt waren. Und fortfahrend wird von diesem Ich gesagt, daß es manche Nacht die Sterne betrachtet habe. Die innere Haltung wird nur sparsam angedeutet durch den Zusatz „schöne Nacht" und die Frageform, deren Klang ahnen läßt, wie gern dieses „Betrachten" geschehen ist; es ist nicht nur „Sehen", sondern auch: Betrachtungen anstellen, meditieren. Hier hört der Anruf auf, die Stimme kommt zur Ruhe, sie macht eine Pause. Der Satz rundet sich, doch nur in Form einer Frage. Der Gedankengang muß weitergehen. Zum ersten Mal wird hier ein Vers in den anderen herübergezogen. Der Reim schließt die Zeilen 9 und 10 zusammen.

Was nun noch folgt, ist wiederum ein einziger Satz (Vers 11–14), der „umarmende" Reim hält ihn zusammen (Vers 11 und 14). Wieder beginnt er mit einer Anrede. „Herolden dieser Zeit", formal eine Halbzeile wie vorher „Ihr Bürgen meiner Lust". Herolde verkünden etwas, sie ordnen eine Veranstaltung, sie handeln dabei immer im Auftrage der Obrigkeit. Die Sterne sind „Herolden dieser Zeit", d. h. in der irdischen Zeitlichkeit. Die Welt ist – nach Meinung des 17. Jahrhunderts – etwa 4000 Jahre vor Christi Geburt geschaffen (Luther hatte errechnet: 3963 Jahre). Die Jahrtausende entsprechen den sechs Arbeitstagen der Schöpfungswoche, dann folgt der Sonntag: die Ewigkeit nach dem Jüngsten Gericht. Die Welt kann nach Christi Geburt höchstens 2000 Jahre bestehen bleiben. Dann hört sie auf, und mit ihr „diese Zeit". Die irdische Zeit wird durch Sonne, Mond und Sterne eingeteilt, geregelt. Doch die Aufgabe der Gestirne ist damit nicht erschöpft; sie verkünden außerdem, daß es einen „Himmel" gibt, einen Bereich „ohn Aufhören", einen Bereich Gottes. In diesem Sinne sind sie „Herolde" des Ewigen innerhalb „dieser Zeit". Das paßt zu den vorigen Bildern: Sie sind „Wächter" des Jenseits, sie sind „Bürgen" für die Lust am Göttlichen.

Nachdem in solcher Weise mehrfach ausgesprochen ist, daß es in der Weltordnung Erde und Himmel gibt und daß die Sterne die Aufgabe haben, auf der Erde als Hinweise auf den Himmel zu dienen, wird zum Schluß das Ich in diesen Zusammenhang hineingestellt. „Wenn" ist temporal: Wann wird es geschehen, daß ich, der ich euch hier mit Sehnsucht betrachtet habe als Wächter, Bürgen, Herolde des Jenseits, daß ich euch eines Tages nicht über mir, sondern unter mir sehe, d. h.

selbst im Jenseits bin? Zwischen den Zeilen bleibt dabei das Motiv des Todes, das als verbindendes Glied selbstverständlich ist. Vorher war die Rede von den Sternen als Herolden in dieser unserer Zeitlicheit; der Schluß denkt an das Jenseits und seine Ewigkeit. Doch dazwischen ist noch ein Nebensatz eingeschoben: „Euch, derer Liebe mir steckt Herz und Geister an". Der Genetivus objectivus besagt: Die Liebe zu euch hat mein Herz ergriffen und die Lebensgeister, d.h. den ganzen Menschen. Zwischen die irdische Betrachtung der Sterne und den Gedanken des verklärten Lebens im Himmel ist dieser Vers der Liebe gestellt, an bedeutsame Stelle, es ist die vorletzte Zeile. Der Ausdruck, daß die Liebe „Herz und Geister ansteckt", erinnert entfernt an die Sprache der Mystik. Dieser Satz führt fort, was bisher über das Ich gesagt ist: „die ich nicht auf Erden satt kann schauen", dann „wie manche schöne Nacht / Hab ich, indem ich euch betrachtete, gewacht?", schließlich „ich, der eurer nicht allhier vergessen kann". Von der Betrachtung im Diesseits zu jenem Zustand veränderter Betrachtung im Jenseits wird übergeleitet durch den Preis Gottes und seiner „Weisheit", durch die „Lust" am Göttlichen, durch die „Liebe" und die Hoffnung. Das Ich wird einst, vom Himmel aus, von irdischen Sorgen frei, die Sterne unter sich sehen. Natürliches Weltraumbild und heilsgeschichtlich-religiöses Weltbild sind hier eins. (Erst in der Zeit nach Gryphius brachen sie auseinander).

Naturordnung und Heilsordnung stehen in engstem Zusammenhang, die Sterne weisen auf den Himmel hin, denn die Welt ist ein „mundus symbolicus" oder „mundus significativus", wie man damals sagte. Dieses Weltbild ermöglicht erst das Gedicht in seiner Besonderheit. Die Sterne werden in ihrem hinweisenden Charakter als Sinnbilder der Heilsordnung erkannt, und das Ich stellt sich in diese Ordnung hinein. Der erste Vers spricht das Thema aus: die andächtige Betrachtung der Sterne „auf Erden". Dann folgen 6 Verse mit Anreden und Bildern, die das Ich weglassen und ganz bei dem Gegenstand bleiben. Im 1. Quartett sind es preisende Bilder der Schönheit; es handelt sich um die Naturordnung. In Vers 5–11 sind es Bilder, die das Wesen offenbaren (Wächter, Bürgen, Herolde), es handelt sich um die Heilsordnung. Am Schluß steht die persönliche Heilshoffnung. Die drei christlichen Tugenden Glaube, Liebe und Hoffnung haben alle an dem Gedicht Anteil.

Nachdem die 1. Zeile ein Praeludium des Ganzen gegeben hat, werden in den beiden Quartetten die Sterne gepriesen, dann erst wird mit den Terzetten in dieses Bild des Makrokosmos der Mikrokosmos hineingesetzt. Die Dinge belehren ihn; ihr sinnbildlicher Charakter ist von Gott geschaffen; der Mensch soll ihn erkennen.

Das Gedicht muß in seiner Form dem hohen Gegenstand entsprechen. Weil die Sterne dem Himmel zugehören, muß das Gedicht sie preisen, und die sprachlichen Mittel des Preises sind die erlesenen Bilder und die gepflegte Versgestalt. Lichter, Fackeln, Diamante, Blumen – es wird nach immer Schönerem und Bildkräftigerem gesucht, und so kommt die Häufung zustande. Doch die weiteren Anreden sind nicht mehr schmückende Bilder, sondern solche, die den Sinn deuten, und hier anschließend wird das Ich, das sich diesem Sinn öffnet, zum Gegenstand des Gedichts. Das Sonett in seiner Knappheit hat also einen feingegliederten Aufbau. Zuerst die Sterne als Naturordnung, dann die Sterne und Gott; dabei wird im Nebensatz kurz ein gewaltiges Schöpfungsbild eingeschoben: Gottes Einsicht in sein Weltgefüge, der „blinde" Mensch. Doch von der Blindheit und Hilflosigeit des Menschen kommt das Gedicht zur Erlöstheit und ewigen Lust, und zwar in einer schlüssigen Folge, die zudem polyphon durchgeführt ist infolge der Nebenthemen. Am Ende der Quartette steht des Menschen tiefste diesseitige Not und Kleinheit; am Ende der Terzette des Menschen Größe und Erlöstheit. Doch diese Zuversicht soll sich nicht zu kühn äußern – zumal es sich um das Ich handelt –, deswegen wird sie nur als Frage gebracht, verbunden mit der Frage, wann der Tod kommen werde. Der Tod ist also nur als Übergang ins Jenseits gesehen.

Aus dem Klang des ganzen Gedichts spricht eine gewisse Gespanntheit, die aus dem Verhältnis des begrenzten irdischen Menschen zu den Sternen, den Zeichen des Himmels, hervorgeht. Es ist die Haltung einer ausgreifenden Liebe, die aber immer im Abstand bleibt und das geliebte Göttliche nur anreden und preisen kann. Erst der Schluß bringt das Motiv der Vereinigung. Darum ist das Gedicht voll Vorwärtsdrang, erst am Ende kommt es zur Ruhe. Das ganze Sonett besteht aus nur 2 Sätzen. Der erste reicht bis ans Ende des 10. Verses. Hier ist der erste Höhepunkt erreicht; hier werden die Sterne von der Erde aus betrachtet. Der zweite Satz führt von hier aus bis ans Ende; hier werden die Sterne vom Jenseits aus gesehen. Für modernes Empfinden ist es fremdartig, wie viel in den ersten 10 Zeilen in eine einzige Satzperiode zusammengezogen ist. Eben dies aber will der barocke Dichter, dem es auf die Ordnung des Gesamtgefüges ankommt. Auch der Schlußsatz (Vers 11–14) ist unterordnend. Das Satzgerüst „Wenn wird es geschehen, daß ich ... euch werd besehen" ist einfach, und auch hier ist nun sehr viel untergeordnet an Beifügungen adverbialer und relativer Art, und alle diese untergeordneten Satzteile machen erst die gedankliche Tiefe und Weite aus. Der Satzbau des ganzen Gedichts erinnert also an den verschachtelten Riesenbau des barocken Weltbildes mit seiner Über- und Unterordnung. Die pansophischen Denker und die ihnen nahestehenden Dichter des Barock hatten die Kraft, diesen Stufenbau als Ganzes zu überblicken, sie spannten weit in der Schau des Alls wie in der Sprache des Satzes. Sie empfanden die Welt mehr als Gefüge denn als Erlebnisfolge, mehr als polyphone Harmonik denn als fortschreitende Melodik. Und so kommt es, daß so viele wichtige Motive hier – Weltschöpfung und rechtes Wort und die Blindheit des Menschen – in Nebensätzen gebracht werden, bevor der Hauptsatz sich rundet. Denn das alles ist ein Gefüge, ein Zugleich; so kommt die starke bindende Kraft zustande, die diese Sätze zusammenhält.

Der Vers dafür ist der Alexandriner, ein Langvers, den Gryphius wechselreich handhabt. Der 1. Vers hat einen Einschnitt nach der Anrede am Beginn: „Ihr Lichter, / die ich nicht auf Erden satt kann schauen". Der 8. Vers hat den Einschnitt in der Mitte, die ohnehin eine Zäsur enthält: „Wir blinden Sterblichen! / was wollen wir uns trauen!" Wiederum anders ist der Klang in der 12. und in der 13. Zeile. Meist endet mit dem Vers ein Nebensatz. Im ersten Terzett geht der Satz einmal über das Versende hinweg. Das ganze große Gefüge der Aussage bedarf des geräumigen Verses, der dazu noch die Fähigkeit hat, barockem Pathos, gehobener, feierlicher Sprache, rhetorischer Form günstig zu sein.

Gryphius hat dieses Sonett in der Ausgabe seiner „Sonnete", die 1643 in Leiden erschien, zum ersten Mal gedruckt. In den Sonetten von 1637 ist es nicht enthalten. Es wird wohl zwischen 1637 und 1643 entstanden sein, d.h. zwischen dem 21. und 27. Lebensjahr des Dichters. Unser Text ist gebracht nach der Ausgabe von 1663, die des Dichters letzte Ausgabe war, die er selbst betreute. Er starb 1664. Diese Ausgabe heißt: „Andreae Gryphii Freuden- und Trauer-Spiele, auch Oden und Sonette", erschienen im Breslauer Verlag Trescher 1663, gedruckt in Leipzig. Als Gryphius in seiner Jugend das Sonett dichtete, lebte er in Leiden, der geistig hervorragenden Universitäts-Stadt der Niederlande. Er ließ sich zu seinen Sonetten nicht äußerlich oder zufällig anregen. Er ergriff nur Themen, die seinem Geiste entsprachen, und ihre Durchführung zeigt die prägende Kraft seiner Eigenart. Als Dichter seiner Zeit, bemüht um inhaltliche und formale

Richtigkeit der Aussage, steht er aber in einer Tradition. Die wichtigste Grundlage für Gryphius' geistliche Lyrik ist die Bibel. Auch das Sternen-Sonett hat hier seinen Hintergrund, und zu der barocken Objektivität des Gedichts gehört: Das lyrische Ich ist hier nicht nur Gryphius als einmaliger Mensch, sondern es ist auch der christliche Mensch schlechthin, denn das Gedicht knüpft an biblische Motive an. Das wußte Gryphius, und seine zeitgenössischen Leser wußten es ebenfalls. Das Lob Gottes in der Natur ist besonders in dem Buch Jesus Sirach (Liber Ecclesiastici) ausgesprochen, auch in einigen Psalmen, z.B. dem 8., 19., 104. und 136. Psalm, ferner im Buch Hiob, Kap. 37–39. Für Luther und seine Generation stand die Christologie so sehr im Vordergrund, daß die Schöpfungslehre zurücktrat. Hundert Jahre später hatte die Betrachtung der Natur wieder erhöhte Bedeutung, und zwar keineswegs als Gegensatz zu der Offenbarung, sondern man erneuerte die mittelalterliche Lehre von den zwei Lichten, die Gott dem Menschen gegeben – das Licht der Gnade und das der Natur –, und man war überzeugt, daß Bibel und Natur im Grunde übereinstimmten. (So sind Keplers naturwissenschaftliche Werke letzten Endes verfaßt, um Gottes Ordnung zu erweisen, und beginnen und enden darum mit christlichen Gebeten.)

Das Sonett von Gryphius knüpft an diejenigen Stellen der Bibel an, welche die Sterne erwähnen. In dem Buch Jesus Sirach, Kap. 43, 1 ff. stehen die Sätze (in Luthers Übersetzung):

„1. Und wer kann sich seiner Herrlichkeit satt sehen? Man sieht seine Herrlichkeit an der mächtig großen Höhe, an dem hellen Firmament, an dem schönen Himmel...

9. Es leuchtet auch das ganze Himmlische Heer in der Höhe am Firmament, und die hellen Sterne zieren den Himmel.

10. Also hat sie der Herr in der Höhe heißen die Welt erleuchten.

11. Durch Gottes Wort halten sie ihre Ordnung und wachen sich nicht müde...“

Selbstverständlich verband sich dem bibelfesten Dichter damit die Erinnerung an die Genesis-Verse (1. Mos. 1, 14ff.):

„14. Und Gott sprach: Es werden Lichter an der Feste des Himmels, und scheiden Tag und Nacht, und geben Zeichen, Zeiten, Tage und Jahre,

15. und seien Lichter an der Feste des Himmels, daß sie scheinen auf Erden. Und es geschah also.

16. Und Gott machte zwei große Lichter, ein groß Licht, das den Tag regiere, und ein klein Licht, das die Nacht regiere, dazu die Sterne.

17. Und Gott setzte sie an die Feste des Himmels, daß sie schienen auf die Erde

18. und den Tag regierten und schieden Licht und Finsternis. Und Gott sahe, daß es gut war."

Dazu ließ sich das Psalmenwort (147,4) stellen: „Er zählet die Sterne und nennet sie alle mit Namen" und das Wort aus Jesaia 40, 26: „Hebet eure Augen in die Höhe und sehet! Wer hat solche Dinge geschaffen und führet ihr Heer bei der Zahl heraus? Der sie alle mit Namen rufet..." Ferner der 8. Psalm, der das Motiv der Sterne mit dem der Kleinheit des Menschen und seiner Größe (durch Gottes Fürsorge) verbindet: „Denn ich werde sehen die Himmel, deiner Finger Werk, den Mond und die Sterne, die du bereitest. Was ist der Mensch, daß du seiner gedenkest, und des Menschen Kind, daß du dich seiner annimmst? Du wirst ihn lassen eine kleine Zeit von Gott verlassen sein. Aber mit Ehre und Schmuck wirst du ihn krönen."

Diese Bibelstellen enthalten viele Motive des Gedichts, das „Sich-nicht-satt-Sehen", die Sterne als „Zier" und als „Wächter". In der 1. Fassung schreibt Gryphius im Anfang des 11. Verses: „Regierer unser Zeit", nimmt also Luthers Wendung „den Tag regieren" (1. Mose 1,16) auf; später änderte er in „Herolden dieser Zeit". Auch das „Mit rechtem Namen Nennen" (Psalm 147,4) kommt schon vor. Gryphius kannte die Bibel wohl so gründlich, daß er keine Konkordanz brauchte, um diese Stellen zu finden. Sie waren auch alle zusammengestellt in dem damals sehr bekannten Werk des Johann Arndt, „Vom wahren Christentum" (1605, oft neugedruckt), in dem Kapitel „Von dem vierten Tagewerk Gottes, von der Sonne, Mond und Sternen des Himmels" (4. Buch, 4. Kap.)

Obgleich diese Motive in der Bibel immer bereitgestanden hatten, hat es vor Gryphius in der deutschen Dichtung kein vergleichbares Sternengedicht gegeben. Im Mittelalter gab es die liturgischen Abendhymnen der Vesper und der Komplet, die zu den Tagzeitengebeten der Mönche gehörten und die in deutschprachigen Liedern nachgeahmt wurden. Für die neue Kirche, in welcher es keine Mönchsorden und kein Stundengebet mehr gab, schrieb Luther in seinem Kleinen Katechismus ein Abendgebet, das gedacht war für häusliche Andachten, welche der „Hausvater" mit der Familie und dem Gesinde hält. Dieses Gebet wurde dann in Gesangstrophen umgesetzt und dabei dichterisch erweitert von Bartholomäus Ringwaldt, Caspar Löner, Nicolaus Hermann, Nicolaus Selnecker, Michael Ziegenspeck, Johann Heermann und anderen. Der Ton bleibt dabei immer der des gemeinsamen Liedes im häuslichen Kreise; das Lied bittet um Gottes Schutz in der Nacht gegen die Mächte des Teufels; Christus möge im Dunkel der Nacht dem Menschen als das wahre Licht erscheinen; seine Engel mögen den Menschen behüten. In diesen Liedern wird mit keinem Wort die Größe der Sternenwelt erwähnt.

Seit Copernicus und Kepler sah der Gelehrte – und Gryphius gehörte zu den Gelehrten – die Sterne in ihrer großen Ferne und Gesetzlichkeit. Das astronomische Weltbild, das sich in diesen Jahrzehnten entwickelte, wurde religiös erlebt. Es war ein Blick in Gottes Makrokosmos, eine Selbstoffenbarung des Schöpfers, wenn auch dem Menschen immer nur bruchstückhaft verständlich und erschließbar. Dieses neue Verhältnis zu der Sternenwelt wurde die Grundlage für das Gedicht.

Der Blick auf die Tradition zeigt, wie schöpferisch und neuartig das war, was Gryphius gelang. Es ist kein Kirchenlied, es ist kein weltliches Naturgedicht; es ist ein christliches Meditationsgedicht, das von der Natur ausgeht und sie im Zusammenhange der Heilsordnung sieht. Dieses Sonett gibt ein Bild der Welt und stellt das Ich in diese Welt hinein, Motive der Bibel mit der eigenen religiösen Sehnsucht in glückliche Vereinigung bringend. Auf diese Weise ist ein für die deutsche Lyrik jener Zeit neuer Gedichttyp entstanden, und dank der dichterischen Fähigkeit des Andreas Gryphius ist das Neue hier auch das Vollkommene; niemand im deutschen Barock hat ihn darin übertroffen. Seine Sonette dieser Art gehören zu den größten künstlerischen Leistungen dieses Jahrhunderts.

Die drei zitierten Gedichte von Gryphius sind Sonette. Das Sonett ist eine Gedichtform, die in Italien seit Dante und Petrarca gebräuchlich war, in Frankreich im 16. Jahrhundert beliebt wurde und um 1600 in der niederländischen Dichtung Eingang fand. Gryphius sah es bei Opitz, der in seinen „Deutschen Poemata“, 1625, eine Gruppe Sonette brachte, und bei anderen Schriftstellern, deren Werke er in Danzig und dann in Schlesien in der Bibliothek des Herrn von Schönborn zu sehen bekam.

Das Sonett besteht aus 4 Strophen, die beiden ersten haben je 4 Verse, die beiden letzten je 3 Verse. Der Schlußteil ist also klanglich anders als der Anfangsteil, und das Sonett nutzt diese Form, um eine Wendung im Gehalt auszudrücken. Die Reimstellung bei Gryphius ist die normale Reim-Anordnung des Sonetts:

a
b
b
a

a
b
b
a

c
c
d

e
e
d

Die beiden ersten Strophen werden, weil sie je 4 Verse haben, Quartette genannt. In ihren 8 Zeilen gibt es nur 2 Reime; der Dichter muß also für jeden Reim 4 Wörter haben und diese dann noch in die komplizierte feste Anordnung bringen. Die beiden letzten Strophen haben je 3 Zeilen, sie sind „Terzette". Der dritte Vers des ersten Terzetts findet seinen Reim erst in dem 3. Vers des zweiten Terzetts, das Ohr verlangt diesen Reim und muß durch zwei Verse darauf warten; aber dieses Warten auf den Reim über zwei Verse hinweg gab es schon in dem Klang der Quartette. Das Gedicht besteht klanglich also aus drei Spannungsbögen, wobei nach dem zweiten Quartett eine Wende deutlich wird, weil jetzt eine andere Reimstellung einsetzt. Die Kunst besteht darin, diese Form zur Herausarbeitung eines Inhalts zu nutzen.

Der Vers, den Gryphius benutzt, ist ein Sechstakter:

Wir sind doch nunmehr ganz, ja mehr denn ganz verheeret.

Das Wort „Wir" ist der Auftakt, „sind" hat die erste Hebung, und von da an folgen Hebung und Senkung regelmäßig:

Wir sínd doch núnmehr gánz, ja méhr denn gánz verhéeret.

Diese Form wird in allen Gedichten streng eingehalten. In der Verslehre heißt diese Versart „Alexandriner". Der Vers stammt aus Frankreich, wurde dort im 16. Jahrhundert oft angewandt und wanderte von dort in die niederländische Literatur. Im Deutschen wurde er schon vor Gryphius benutzt, aber von keinem so wechselreich und so kraftvoll wie von ihm.

Der Alexandriner ist ein langer Vers. Er hat immer 6 Takte, also 12 oder 13 Silben, je nachdem, wie der Reim ist. Die italienischen Sonette hatten einen Takt weniger. Der lange Sechstakter entsprach dem Formwillen der deutschen Barockdichter. Da der Vers lang ist, macht die Stimme nicht nur am Versende eine Pause, sondern meist auch im Versinnern:

Wir sind doch nunmehr ganz, / ja mehr denn ganz verheeret.

Nach der 3. Hebung ist hier eine kleine Pause, der Fachausdruck heißt „Zäsur". Doch das ist nicht immer so und soll auch nicht so sein.

Ihr Lichter, / die ich nicht auf Erden satt kann schauen.

Hier sitzt die Zäsur nach dem Wort „Lichter", also schon nach dem ersten Takt. Das paßt zu der Anrede, die dann einen langen Relativ-Satz nach sich hat. Es gibt außerdem noch andere Klänge. Der Vers

Was grimmer denn die Pest und Glut und Hungersnot

hat überhaupt keine Zäsur, er will in einem Atem gesprochen sein; eine Mittelzäsur hinter „Pest" wäre hier falsch, weil „Pest und Glut und Hungersnot" zusammengehören.

Der Langvers hat also verschiedene Möglichkeiten. In deren sinngemäßer Anwendung besteht die Kunst des Dichters. Auf den Vers

Was grimmer denn die Pest und Glut und Hungersnot

läßt er den Vers folgen

Daß auch der Seelen-Schatz so vielen abgezwungen.

Hier ist die Zäsur in der Mitte. Sie hebt das Wort „Seelen-Schatz" heraus. Eine kurze Pause, der Leser denkt: Was wird nun darüber gesagt? Und dann in dem letzten Halbvers die Aussage, die dem ganzen Gedicht eine neue Wendung gibt.

Das Sonett ist eine Form mit vielen Gesetzen, also anspruchsvoll und schwer zu handhaben. In diese Form hat Gryphius die gehaltvollsten Gedankengänge und religiösen Betrachtungen gebracht, und es ist ihm gelungen.

Die drei zitierten Gedichte können die Kunst der Gestaltung bei Gryphius zeigen, sie reichen aber nicht aus, um die Weite seines Geistes anzudeuten, ja nicht einmal, um die Hauptthemen seiner

Sonett-Dichtung zu bezeichnen. Dazu müßte man noch andere Gedichte von ihm heranziehn, die biblischen Sonette, die Selbstbildnisse, die Gedichte der Liebe und anderes. Zu den zentralen Gedanken bei Gryphius gehört die Spannung von Diesseits und Jenseits und damit verbunden der Tod als der Punkt, an dem beide Bereiche in Verbindung treten. Die Welt erscheint als eine gottgewollte Ordnung, die aber im Vergleich mit dem Leben in der Ewigkeit unvollkommen und unwesentlich ist, „eitel", wie das Alte Testament sagt (Prediger Salomo I, 2 und öfter) – Gryphius kannte Bibel und Kirchenväter recht genau. In diese irdische Welt ist die christliche Heilsbotschaft hineingetreten. Sie richtig zu verstehen, ist schwer, nicht nur wegen der Kriegsnot, sondern aus der Unzulänglichkeit des Menschen heraus. Gryphius spricht darüber nicht nur in allgemeinen Worten, sondern auch in kleinen Selbstbildnissen, die sein Bemühen um innerliches und gelebtes Christentum zeigen. Sittliches Leben bedeutet Kraft zur Entsagung. Nirgendwo in der deutschen Barockdichtung ist das Thema der Liebe mit so viel Entsagung verbunden wie bei Gryphius. Sein Blick in die Welt geht immer vom Religiösen aus. Ohne Mühe gelingt ihm die Verbindung der christlichen Lehre mit der neuen Naturwissenschaft. Wie bei Kepler ist die Welt eine große Ordnung, die den Menschen zum ehrfürchtigen Staunen anregt und niemals der christlichen Heilsbotschaft widerspricht.

Das Symbol für die geistige Ordnung ist die dichterische Form. Gryphius ist ein Meister der Form und will es sein. Seine Stilmittel sind die der Zeit: feste Gedichtformen, ein straffer Bau, Bilder und Häufungen. Der Aufbau arbeitet ein Problem heraus und bringt es am Schluß zu einer Lösung. Die Bilder sind Parallelen zwischen dem Mikrokosmos Mensch und dem Makrokosmos Welt, zum Teil sind sie Nachklänge von Bildern aus der Bibel. Die Häufung tritt auf, wo der Mensch erschauernd nur aufzählen kann; sie wird im Vergleich mit anderen Barockdichtern von Gryphius maßvoll benutzt, und nur da, wo sie sinnvoll ist.

In der religiösen Dichtung lag seit Luther das Schwergewicht auf dem Kirchenlied. Gryphius dagegen ist Sonett-Dichter. Seine Sprache weist nicht zur Musik, sondern auf das hinter ihr stehende Feld einer unendlichen geistigen Arbeit. Dem Geist des Barock kommt die Sonettform entgegen: formbetont, straff, klar, mit vitaler Fülle und geistiger Kraft ein Problem verarbeitend und diese Verarbeitung mit ihrer geistigen Wendung in der knappen vorgegebenen Form darstellend. Es gibt in der deutschen Sonett-Dichtung keinen größeren als

Gryphius. Im 17. Jahrhundert überragt er auf diesem Gebiet alle anderen. Auch Spätere haben Sonette geschrieben, Schlegel, Goethe, Eichendorff und andere, aber ihr Hauptschaffen lag auf anderen Gebieten, und ihre Sonette sind nicht letzte Formwerdung eines großen inneren Ringens wie bei Gryphius. Die formklare Verarbeitung eines großen Themas in den 14 Zeilen eines Sonetts war seine besondere Leistung. Man spürt seine Schwere, seine Hintergründigkeit, seinen tiefen Ernst, aber zugleich hält er die Formen der Zeit vollkommen ein, als Vers, als Strophe, als Satzbau. Seine dicht formulierte Sprache ist zugleich bildhaft und gedanklich. Er ist erfüllt von persönlichem Erleben, aber er gibt sich Mühe, daraus ein objektives Bild zu machen. Er sieht die eigene Situation als einen allgemeinen Fall im Weltganzen. Der Ordnung des Weltganzen entspricht die Ordnung des Geistes, und diese wird symbolisiert in der Ordnung der künstlerischen Form.

Deutsche Schriftsteller des Barock und ihr Umkreis in zeitgenössischen Kupferstichen

Von vielen deutschen Schriftstellern des 17. Jahrhunderts gibt es zeitgenössische Kupferstich-Porträts. Da können wir sehen, wie die Männer aussahen, deren Schriften damals eine Rolle spielten: der klug-energische Opitz, der männlich-frische Fleming, der schwermütige Gryphius, der kluge Thomasius und die anderen. Zeichner und Kupferstecher haben sie dargestellt, und zwar diejenigen Zeichner, die man gerade am Orte hatte. Diese hatten vermutlich kaum ein Wort des Schriftstellers gelesen, sie zeichneten einfach das Modell. Aber sie wußten, es handle sich um einen „Gelehrten", einen Mann der Literatur, und dementsprechend mußte er würdig aussehn.

Die Kupferstiche zeigen sehr verschiedene Persönlichkeiten und sehr verschiedenen Ausdruck. Man hatte in Deutschland nicht so hervorragende Porträtisten wie in den Niederlanden, es entwickelte sich nirgendwo eine Schule wie dort. Lange Zeit tobte der Dreißigjährige Krieg, und danach waren alle Landschaften arm. Man hatte für die Porträtstiche nur mittlere und kleine Talente, aber die Eigenart der Dargestellten konnten auch diese herausarbeiten.

Als die deutsche Barockliteratur in der Zeit von Opitz, Andreae und Buchner begann und als diese rasch berühmt gewordenen Autoren in Kupferstichen dargestellt wurden, hatte der deutsche Porträtstich bereits eine Tradition, auf der man aufbauen konnte. Während die Maler Reisen machen mußten, um Gemälde von Tizian, Carracci, Rubens oder van Dyck zu sehen, hatten die Kupferstecher es einfacher: Die neuen Erzeugnisse aus Italien oder Holland oder vom Kaiserhof Rudolfs II. kamen durch Händler bald in die deutschen Städte, und die Interessierten bekamen sie zu sehen.

Der Porträtstich hatte sich ungefähr gleichzeitig mit dem Porträtgemälde entwickelt. Die großen Porträts von Lionardo, Dürer, Tizian hatten Entsprechungen in der Graphik. Dürer gab in seinen Kupferstichen scharfe Individualisierung der Dargestellten mit hoher Kunst der Linienführung. Gemälde des Tizian wurden von Agostino Carracci in hervorragender Weise gestochen. Gegen Ende des Jahrhunderts wurde der Porträtstich bei Hendrick Goltzius zu einer meisterhaft gehandhabten künstlerischen Form. Zu dieser Zeit begannen die Buchverleger, Sammelwerke von Bildnissen herauszugeben. Zunächst waren es Holzschnitte, so in dem Werk von Nicolaus Reusner, „Icones sive Imagines virorum illustrium", Straßburg 1587, dem noch im gleichen Jahre eine Ausgabe in deutscher Sprache, „Contrafacturbuch", folgte; die meisten Holzschnitte stammen von Tobias Stimmer. Zehn Jahre später folgte das große Porträtwerk von Johann Jacob Boissard und Theodor de Bry, „Icones virorum illustrium", Frankfurt 1597. Hier ist nun der Kupferstich benutzt (Abb. 22), nicht mehr der Holzschnitt, und von nun an war dies die herrschende Technik der Porträt-Wiedergabe. Das Werk von Boissard und de Bry erhielt 1598 einen 2. und 3. Teil, 1599 einen 4. und 1628 einen 5. Teil, jeder mit 50 Porträts. Neue Auflagen folgten 1636 und 1650. In zierlicher sorgfältiger Strichführung ist hier eine Fülle von Charakterköpfen geboten. Der Kupferstich kann viele Einzelzüge geben, die dem Holzschnitt nicht möglich sind. Während in dem Werk Reusners der Rahmen immer viereckig war, ist bei de Bry der Kopf in ein Oval gesetzt, das mit manieristischen Verzierungen umgeben ist. Das Oval wurde von da an üblich. Der Kaiserliche Hofkupferstecher Aegidius Sadeler (1570–1629) am Hofe Rudolfs II. benutzte die ovale Form oft. Seine Porträts sind Einzelstücke, nicht für ein Sammelwerk geschaffen wie die des de Bry. Sie haben auch größeres Format. Eine sehr sorgfältige Strichführung hebt alle individuellen Eigenschaften der Köpfe heraus. Sadelers Stiche wurden in Deutschland bekannt. Der junge Joachim Sandrart wanderte zu ihm nach Prag, um bei ihm zu lernen, und später, 1675, in seiner „Academie", schreibt er, „daß in allen Landen jeder nur Aegidii Sadelers Manier nachfolgen wollte" (Kap. 25). Damit war für das 17. Jahrhundert ein sehr brauchbarer Typ des Porträtstichs gegeben. Auf dieser Grundlage arbeiteten nun die Stecher, Jacob van der Heyden und Peter Aubry in Straßburg, Johann Dürr in Leipzig, Matthäus Merian in Frankfurt, Lukas und Philipp Kilian in Augsburg, Joachim und Jacob Sandrart in Nürnberg, Andreas Tscherning in Breslau und viele andere.

Das Porträt ist eine Parallel-Erscheinung zu der Biographie. Im Mittelalter gab es Biographien nur ausnahmsweise und in Ansätzen. Erst die Humanisten begannen, die Lebensgeschichten der Männer ihres Standes aufzuzeichnen. So entstanden im 16. Jahrhundert Sammelwerke, in Italien die Künstlerbiographien von Vasari; in Deutschland bringt das Porträtwerk des Nikolaus Reusner, 1587, nur ganz kurze Gelehrtenbiographien, ausführlichere bringen dann die Werke des Melchior Adam, „Vitae Germanorum philosophorum", „Vitae Germanorum medicorum" usw., 1615 beginnend. Hier fand man ausgewogene Kurzbiographien bedeutender Männer, und diese Darstellungsweise machte Schule. Gleichzeitig wurde es üblich, den Leichenpredigten einen biographischen Teil beizugeben, und sofern die Leichenpredigt gedruckt wurde, diesen Teil möglichst sachlich auszugestalten. Darin zeigt sich der Wandel in der Auffassung des Menschen. Anders als im späten Mittelalter und noch im 16. Jahrhundert wird in der Leichenpredigt nicht nur auf das Jenseits geblickt, es wird auch das irdische Leben gewertet, und man versucht in knapper Darstellung ein Festhalten des Individuellen ähnlich wie im Porträt-Stich. 1677 bringt dann Hennning Witte ein großes Sammelwerk „Memoriae philosophorum nostri seculi", das fast ganz aus Biographien aus Leichenpredigten besteht, es folgt ein entsprechender Band „Memoriae theologorum nostri seculi". 1698 beginnt dann die pietistische Sammlung von Biographien „Historie der Wiedergeborenen". In der knappen Darstellung des Individuellen entsprechen diese Werke etwa den Kupferstichen. Die damaligen großen Porträtgemälde könnte man mit ausführlichen Biographien vergleichen. Solche wurden aber erst im 18. Jahrhundert üblich. Die Luther-Biographie des Mathesius, 1566, war eine Ausnahme.

Die Porträt-Stiche waren fast immer Auftrags-Arbeit. Wie es dabei zuging, wissen wir aus Briefen. Als Opitz auf seiner Reise von Paris nach Schlesien im September 1630 in Straßburg Station machte, ließ er sich auf Wunsch von Bernegger von dem Kupferstecher Jacob van der Heyden zeichnen. Das schreibt er am 27. September 1630 an Buchner. Die Zeichnung sollte für einen Kupferstich als Grundlage dienen. Da aber der Stecher Aufträge von Fürsten hatte, die er erledigen mußte, wurde der Stich erst zu Beginn des nächsten Jahres fertig und erhielt die Jahreszahl 1631 (Abb. 12). Am 27. März schickt Bernegger an Opitz eine Sendung mit Exemplaren des Porträtstichs und schreibt dazu, er habe alles bezahlt, die Blätter seien also ein Geschenk. Bernegger regte 1634 auch ein Bild des Professors Caspar Hoffmann aus Altdorf an und schrieb diesem, er solle eine Porträtzeichnung nach Straßburg senden, Jacob van der Heyden werde sie stechen. Dann müsse man diesem 50 Exemplare zum gewöhnlichen Preis abkaufen, er dürfe die Platte behalten und weitere Exemplare frei verkaufen. Ähnlich war es wohl auch sonst. Die Auftraggeber schickten eine Zeichnung, sie zahlten

12. Martin Opitz. Kupferstich von Jacob van der Heyden, 1631. Nach eigener Zeichnung.

einen vereinbarten Preis und erhielten ihre Exemplare. Weitere Exemplare konnte der Kupferstecher verkaufen, wie er wollte.

Da die Porträt-Stiche Auftragsarbeit waren und die Dargestellten porträtähnlich sein wollten, waren die Zeichner geschult, naturgetreu zu zeichnen, und die Stecher achteten darauf, sehr genau zu arbeiten. Im günstigsten Falle war der Zeichner auch der Stecher. So war es bei dem Opitz-Porträt des van der Heyden, aber als dieser den Kupferstich herstellte, war Opitz schon abgereist. Anders bei den Kupferstich-Porträts, die Aegidius Sadeler am Kaiserhof in Prag herstellte. Wenn er die Kupferplatte anfertigte, waren die Dargestellten fast immer am Ort, er konnte – falls nötig – noch einmal den Dargestellten mit seiner Zeichnung vergleichen und ihn bitten, noch einmal Modell zu sitzen. Meist aber wurde von den Stechern nach fremden Zeichnungen gearbeitet. Gute Kupferstecher gab es in Nürnberg, in Augsburg und in Leipzig. Dorthin wurden die Zeichnungen geschickt.

In einigen Fällen sind die Vorlagen erhalten geblieben. Es gibt von Sadeler die Zeichnung, die er für sein Porträt-Kupfer des spanischen Gesandten San Clemente gemacht hat. Da sieht man, daß manches, was auf dem Stich sehr sorgfältig gearbeitet ist – das Gewand und der Hintergrund –, auf der Zeichnung nur angedeutet ist; nur das Gesicht hat er genau gezeichnet, und möglichst schon so, daß es gut in Kupferstich, d. h. in Strichlagen, übertragen werden kann. Auch von dem Harsdörffer-Porträt des Georg Strauch hat sich die Vorzeichnung erhalten (Nürnberg, Germanisches Museum). Dort ist sogar das allegorische Beiwerk schon genau entworfen. Der Sandrart-Stich (mit der Athene-Büste, von Jacob Sandrart) ist nach einem Ölgemälde gemacht, das erhalten ist, ebenso der Hofmannswaldau-Stich. Da zeigt sich, daß die Stecher sorgfältig und gut gearbeitet haben.

Die Technik für das Schriftsteller-Porträt ist das ganze Jahrhundert hindurch der Kupferstich. Die Kupferplatte wird mit dem Grabstichel bearbeitet, eine mühsame, zeitraubende Arbeit. Dann wird sie mit Farbe eingerieben, die in den Vertiefungen sitzen bleibt. Die Fläche wird mit einem Tuch gereinigt, und dann wird gedruckt, mit den Handpressen, wie man sie damals benutzte. Anders war es bei den großen niederländischen Künstlern der Zeit. Van Dyck und Rembrandt haben für ihre Porträts die Technik der Radierung benutzt. Hier wird die Kupferplatte mit Wachs überzogen, die Linien werden in das Wachs hineingezeichnet und dann mit Ätzflüssigkeit übergossen, so daß sie sich in die Platte hineinfressen. Dann wird die Platte gereinigt, Einzelheiten können mit dem Grabstichel korrigiert werden. Diese Technik kam in Deutschland für die Gebrauchsgraphik nicht vor. Zwar läßt sich eine Radierung sehr viel rascher herstellen als ein Kupferstich, aber die Platte ist nicht so haltbar. Man kann von ihr höchstens 200 Abzüge herstellen, von der mit dem Grabstichel bearbeiteten aber bis zu 1000. Deswegen kam für Buchillustration nur der Kupferstich in Frage. Es gab aber vor allem andere Gründe, bei dem Kupferstich zu bleiben. Zu den – meist kleinen – Bildnissen gehören feine Linien, um Gesicht und Kleidung zu charakterisieren, und es gehört die Schrift unter dem Bilde dazu. Bei der Radierung sind die Linien nie so klar wie die des Stichs. Sie haben keine scharfen Ränder. Das ist für eine Landschaftsdarstellung günstig, paßt auch zu einem Rembrandtschen Porträt. Es entsprach aber nicht dem Wunsch nach einem klaren kleinen Bild, wie es die deutschen Auftraggeber gewohnt waren und erwarteten. Der Kupferstich mit den technischen Feinheiten, die nur ihm eigen sind, blieb also die herrschende Technik. Am Ende des Jahrhunderts kam ein anderes Verfahren auf, die Schabkunst. Hier wird die Platte mit einem Wiegelmesser aufgerauht und dann stellenweise geglättet. Das Spener-Porträt (Abb. 13) aus der Zeit der Jahrhundertwende ist in dieser Weise angefertigt. Es zeigt, wie gut sich hier die dunklen Töne in ihren Abstufungen darstellen lassen. Diese Technik kommt aber bei den Schriftsteller-Porträts sehr selten vor.

Die Bearbeitung der Kupferplatte war eine mühsame Arbeit. Wenn sie gut werden sollte, mußte man viel Zeit daran wenden und äußerst vorsichtig arbeiten, denn fehlerhafte Stiche in der Platte ließen sich nur schwer reparieren. Beim Zeichnen kann man etwas wegradieren, beim Malen etwas übermalen. Beim Stechen sind Korrekturen nur begrenzt möglich, denn man muß die fehlerhafte Stelle glatt polieren und dann neu stechen. Als der junge Joachim Sandrart zu Aegidius Sadeler nach Prag kam und ihm sagte, er wolle Kupferstecher werden, riet ihm Sadeler, der ein erfolgreiches Leben als Stecher hinter sich hatte, „er sollte das mühsame Kupferstechen auf- und dafür zur Malerei sich begeben“ (Lebenslauf, 1675; Peltzer S. 22). Das hat er dann auch getan. Das stete Gebückt-Sitzen über der Kupferplatte, die Arbeit in feinsten Linien, die für die Augen anstrengend ist, und das viele Arbeiten nach fremden Vorlagen wäre für Sandrart auf die Dauer nicht das Richtige gewesen.

Wenn ein Kupferstecher die Zeichnung, die er vor sich hatte, wiedergab, mußte er sie in eine andre Darstellungsweise übertragen. Der Zeichner kann Grau-Töne verschiedenen Grades mit seinem Stift schaffen. Für den Kupferstecher gibt es nur Weiß und Schwarz. Durch die Art, wie er Linien nebeneinander legt, enger oder weiter, schafft er die Abstufungen. Er erreicht eine gute Wirkung nur dann, wenn er seine Linien in einer besonders günstigen Richtung anlegt, er gleicht sie z. B. der Rundung des Gesichts an und legt die Querlinien entsprechend. Dunklere Stellen können nicht nur dadurch geschaffen werden, daß Querstriche hinzukommen, sondern auch dadurch, daß die Linien des Stichs dicker werden. Man kann sie ganz dünn beginnen lassen und dann anschwellen lassen. Es bleiben gleich viele Linien neben einander, aber die Dunkeltönung wird stärker. Hierdurch lassen sich viele Feinheiten der Darstellung schaffen, die dem Betrachter meist unbewußt bleiben, aber zum Gelingen des Porträts viel beitragen. Manche Stecher haben auch mit Punkten gearbeitet, die sie verschieden dicht und verschieden groß in die Platte stachen, so z. B. Wenzel Hollar auf seinem Bildnis der Königin Marie Henriette (Abb. 11), doch ist die Punktmanier im deutschen Kupferstich des 17. Jahrhunderts noch selten, sie bekam erst im 18. Jahrhundert größere Bedeutung. Ein Unterschied zur Zeichnung besteht auch darin, daß der Zeichner einen grauen Hintergrund mit raschen Strichen zeichnen kann und dann Zeit hat für das Gesicht. Der Stecher muß auch bei dem Hintergrund mühsam Linie für Linie in die Platte einarbeiten, dazu gehört viel Geduld und Fleiß. Er kann sich nicht nur auf die Hauptsachen konzentrieren.

Der gedruckte Kupferstich ist seitenverkehrt im Vergleich zu der Platte. Der Kupferstecher, der eine Zeichnung vor sich hatte, stand also vor der Frage, ob er sie so, wie er sie sah, auf die Platte übertrug oder seitenverkehrt. In letzterem Falle war es schwieriger, alle Einzelheiten genau zu bringen wie die Zeichnung. Die Stecher waren geschult darin, seitenverkehrt zu arbeiten. Natürlich machten sie von der Zeichnung eine Kopie auf Pauspapier, die sie dann seitenverkehrt auf die Platte legten, um sich die Arbeit zu erleichtern. Oft aber haben sie das Bild so auf die Platte übertragen, wie sie es vor sich hatten. Das sieht man besonders an Nachstichen, wenn das Gesicht im Vergleich mit dem Vorbild nach links statt nach rechts gerichtet ist. Jeder Porträtstich bekam seine Beschriftung. Diese mußte also immer in Spiegelschrift gestochen werden. Das war Sache der Übung. Falsche Buchstaben in den Beischriften sind äußerst selten, vereinzelt kommen Korrekturen vor. Die meisten Stecher konnten wohl kein Latein, sie mußten aber das Latein der Beschriftung mit allen Abkürzungen korrekt stechen, in Spiegelschrift.

Die Männer, welche wir heute als Schriftsteller jener Zeit bezeich-

13. Philipp Jacob Spener (1635–1705). Schabkunstblatt, um 1700.

nen, waren für die Zeitgenossen in erster Linie Pastoren, Professoren, Stadträte usw. und sind dementsprechend mit würdigem Ausdruck und in guter Haltung dargestellt. Die Geistlichen – etwa Andreae, Dilherr, Rist, Spener – erscheinen in ihrer Amtstracht, meist mit dem damaligen breiten Kragen. Die Universitäts-Professoren sieht man ebenfalls in Amtstracht, Heider, Gerhardt, Vossius und andere, oft mit einem Buch in der Hand oder mit Büchern im Hintergrund. Die deutschen Zeichner und Stecher haben es freilich nicht so genial gemacht wie van Dyck in seinem Lipsius-Porträt, das Bolswert gestochen hat (Abb. 14): Der Gelehrte hat hier ein Buch vor sich und die rechte Hand darin, anscheinend hat er gerade darin gelesen. Er ist aber zu seinen Studenten gerichtet, und die linke Hand hat etwas Dozierendes. Doch er schaut die Studenten nicht an, der Blick ist ganz versonnen bei dem Gegenstand, den er darstellt. Den Hintergrund bilden wiederum Bücher. Man sieht, hier ist jemand, der das, was in den Büchern steht, lebendig macht und weitergibt. Das ist der Hauptcharakter des Bildes. Der Professoren-Talar ist demgegenüber unwichtig, gibt dem Stecher aber Gelegenheit, sein besonderes Können auch hier zu zeigen. – Die deutschen Zeichner und Stecher haben sich bemüht, in den Köpfen das Persönliche, das Bleibende darzustellen, und dazu gehört bei den Schriftstellern die Verbindung des Geistigen mit dem Bürgerlichen. Sie sind nie so vornehm wie die Gestalten bei van Dyck, sie sind aber von den Kupferstechern auch nicht in den Rang des geistig-engen Kleinbürgerlichen gesetzt worden. Selten sind Männer dargestellt, die nicht zu der „nobilitas literaria“ gehören. In Nürnberg gab es immer noch Meistersinger, und es gab „Hochzeitlader“, die bestellte Gedichte vortrugen. Auch von ihnen gibt es einige Kupferstiche.

Zu den Porträt-Kupferstichen gehörte der Name des Dargestellten und möglichst auch die Bezeichnung seiner Stellung im gesellschaftlichen Leben. Harsdörffer (auf dem späteren Bildnis): „Senator Noribergensis“; Buchner (auf dem Stich von Becker): „Poes. et Eloquent. Professor“; Fleming: „Med. D.“, d. h. „Medicinae Doctor“; Gryphius: „Iurisconsultus, Philosophus et stat. equest. ducatus Glogaviensis Syndicus d. h. „Rechtsgelehrter, Philosoph und Syndicus bei den Ständen des Fürstentums Glogau“; Meyfart auf dem Stich von 1634: „SS. Theol. Doctor, ejusdemque in pervetusta Erfurtensium academia Professor p.“, d. h. „der heiligen Theologie Doktor und ebenderselben öffentlicher (p. = publicus) Professor in der sehr alten Universität Erfurt“. Eine Sonderstellung hat das Zesen-Porträt, gesto-

14. Justus Lipsius. Kupferstich von Schelte Bolswert nach einem Gemälde von Anton van Dyck.

chen von Christian von Hagen, denn der Name des Dargestellten ist hier nur in dem beigegebenen Gedicht genannt (Abb. 15).

Außer dem Namen und der Berufsbezeichnung, die bei dem Bilde stehen, ist darunter oft ein kleines Gedicht angebracht. Das war das ganze 17. Jahrhundert hindurch Tradition. Es störte anscheinend nicht, daß die Verse einander weitgehend glichen, denn meist wurde gesagt, hier sehe man das Antlitz des Dargestellten, um aber seinen Geist zu würdigen, müsse man seine Bücher lesen, und dann werden häufig noch Vergleiche mit berühmten Dichtern gebracht. Diese Verse, auch wenn es nur ein zweizeiliges Epigramm ist, sind immer von den Verfassern unterzeichnet. Da hat man Verse von Opitz auf Buchner und auf Heermann, von Caspar Barth auf Opitz, von Dilherr auf Harsdörffer, von Anna Maria Schuurman auf Zesen usw. Der, welcher die Verse unterzeichnete, stand mit seinem Namen dafür ein, daß der Dargestellte Lob verdiene und daß es lehrreich sei, sein Bildnis und seine Schriften anzuschauen. In einem einzigen Fall steht unter den Versen kein Name, und zwar bei dem Porträt Kuhlmanns (Abb. 16). Da sagten die Zeitgenossen, dieses Lobgedicht ohne Verfassernamen habe wohl Kuhlmann selbst gemacht. Und sie hatten Recht. Kuhlmann hat es 1682 als sein eigenes Werk in seiner Schrift „De Monarchia Jesuelitica“ abgedruckt. In diesem Gedicht wird gesagt, der Dargestellte sei ein anderer Scaliger, Grotius, Opitz, Erasmus, David, Mose, Salomon, Johannes, Alexander usw., dies alles habe Gott Kuhlmann gegeben, und dieser werde es ihm zurückgeben. So etwas konnte freilich nur Kuhlmann selbst schreiben. – Die Verse zu den Gedichten sind wie die gesamte Beschriftung fast immer lateinisch. Seit der Mitte des Jahrhunderts kommen auch deutsche Bezeichnungen und deutsche Verse vor, etwa bei Neumark und bei Lohenstein, doch sie bleiben selten.

Zu dem Kupferstich gehören sodann Angaben über den Stecher, möglichst auch über den Zeichner, dessen Vorlage benutzt ist, und eventuell auch über den Maler, nach dessen Porträt die Zeichnung gemacht ist. Diese Angaben sind immer lateinisch. Es sind: pinx. = pinxit = hat es gemalt; del. = delineavit = hat es gezeichnet; sculp. = sculpsit = hat es gestochen. Mitunter sind auch die Verleger genannt, wenn das Blatt bei einem solchen vertrieben wurde: excud. = excudit = hat es herausgegeben. Die Kupferstecher sind meist mittlere Begabungen mit guter handwerklicher Ausbildung, sorgfältig in ihrer Arbeit. Zu ihnen gehören Peter Aubry, Johann Dürr, Philipp Kilian und viele andere. Besonderen Rang haben einige Stiche von Aegidius

15. Philipp von Zesen. Kupferstich von Christian von Hagen, nach eigener Zeichnung. 1670 oder bald danach.

16. Quirinus Kuhlmann. Kupferstich von R. White, 1683, nach einer Vorlage von Otto Henin, 1679.

Sadeler und von Jacob Sandrart, z.B. dessen Bildnis Dilherrs (Abb. 17), das in der Feinheit der Ausführung versucht, einem Gemälde nahezukommen, wie es sonst nur bei einigen wenigen niederländischen Stechern der Fall ist.

Manche Stiche sind datiert, z. B. hat Aegidius Sadeler am Kaiserhof fast alle seine Kupferstichporträts mit Jahreszahlen versehen. Doch das ist nicht immer der Fall. Datierte Porträts gibt es von Buchner, Kuhlmann, Opitz, Meyfart, Neumark, Schottelius usw. In anderen Fällen fehlen die Daten, vor allem dann, wenn die Stiche nach dem Tode der Dargestellten gemacht sind. Werden Porträtkupfer einem Buche beigegeben, darf man annehmen, daß es ein ziemlich neues Bild ist. Des Schottelius „Arbeit von der teutschen Hauptsprache" erschien 1663, davor sein Bildnis, ebenfalls datiert 1663, und dazu noch die Angabe „51 Jahre alt", er war geboren 1612.

Eine besondere Rolle spielt im 17. Jahrhundert der Nachstich. Ein Beispiel sind die Opitz-Porträts. Der Stich des Jacob van der Heyden, den dieser 1630/31 in Straßburg gemacht hatte, war später nicht mehr zu haben, vermutlich wegen des Krieges, und dann, weil der Künstler 1645 gestorben war und seine Werkstatt nicht weitergeführt wurde. Da beauftragte der Verleger Paul Fürst in Nürnberg einen Stecher damit, einen Nachstich herzustellen. Der Stecher (wahrscheinlich Georg Walch) hat sich Mühe gegeben, doch ist der Gesichtsausdruck etwas vergröbert. Ein anderer Verleger wollte ein Sammelwerk mit Porträts berühmter Männer herausbringen, „Clarorum virorum imagines". Da durfte Opitz nicht fehlen. Noch einmal wurde der Stich des van der Heyden nachgestochen, diesmal vergrößert, seitenverkehrt und im Ausdruck ohne die scharfe Intelligenz, die aus dem Blatt der Vorlage spricht. – Das Porträt des Quirinus Kuhlmann, das R. White 1683 gestochen hatte, war in den Verlag von Andreas Luppius gekommen und dadurch bekannt geworden. Wenn nun irgendwo über kirchliche Sektierer geschrieben wurde, dann behandelte man auch Kuhlmann, ließ einen Nachstich anfertigen, und unter diesem stand „Fanaticus" oder „Chiliasta et pseudo-propheta" oder dergleichen, und der Ausdruck des Gesichts auf dem Stich wurde ebenfalls vergröbert. Nachstiche sind also häufig. Für den Stecher war es ein großer Unterschied, ob er nach einer Zeichnung oder einem Stich arbeiten mußte. Die Übertragung der Zeichnung in die Technik des Kupferstichs war eine künstlerische Leistung, weil der Stecher selbständig gestalten mußte, wie er Strichlagen und Punkte setzte. Beim Nachstich dagegen handelte es sich nur darum, mit sicherem Blick und mit

Übung das Vorbild nachzuahmen. Nachstiche haben oft keinen Stechernamen, während bei dem Stich nach der Zeichnung der Stecher genannt sein wollte.

Rechtsgeschichtlich ist der Nachstich etwas Ähnliches wie der Nachdruck, künstlerisch aber sind Nachstich und Nachdruck sehr verschieden zu beurteilen. Wenn im 17. Jahrhundert ein Nachdrucker Werke von Opitz oder von Zesen nachdruckte, änderte er im Wortlaut nichts, der Leser erfährt den Inhalt genau so wie aus dem Originaldruck. Wenn aber ein Nachstecher ein Porträt kopierte, dann veränderte sich oft vieles, und die Feinheiten des Ausdrucks gingen verloren. Der Betrachter sieht also etwas weitgehend anderes als auf dem Original vor sich. Deswegen ist es für den heutigen Betrachter wichtig zu wissen, ob er einen Nachstich oder ein Original vor sich hat. Das läßt sich mitunter leicht entscheiden, in manchen Fällen aber nicht. Bei dem Opitz-Stich des Jacob van der Heyden ist es einfach, denn wir wissen, wann und wo er entstand und daß der Stecher selbst die Zeichnung gemacht hat. Es gibt aber Stiche, deren Quelle ein Gemälde ist. Der Stecher benutzte eine Zeichnung nach dem Gemälde. Wenn nun ein anderer Stecher den Kopf ähnlich bringt, ergibt sich die Frage: Hat er das Gemälde gesehen? Hat er die gleiche Zeichnung benutzt wie der erste Stecher? Hat er eine neue Zeichnung gehabt? Oder hat er einfach einen Nachstich nach jenem ersten Stich gemacht? Diese Fragen sind oft schwer zu beantworten, und mitunter muß man sie offen lassen. In seltenen Fällen wie bei dem Opitz-Porträt des Jacob van der Heyden hat man schriftliche Quellen. Solche Mitteilungen sind aber schwer zu finden, die Briefe der Schriftsteller sind meist lateinisch und vielfach ungedruckt.

Bei den Kupferstich-Porträts wünschten die Auftraggeber natürlich Ähnlichkeit, diese war aber viel schwerer zu erreichen als bei einem Ölgemälde. Für dieses saß der Dargestellte dem Maler Modell, bis es fertig war. Den Kupferstich machte der Stecher aber nach einer Zeichnung. Er war dabei darauf aus, alle Einzelheiten genau in seine Technik zu übertragen. Es gibt hier also zwischen Modell und Porträt immer eine Zwischenstufe, und diese bringt die Möglichkeit der Ungenauigkeit mit sich. Welche Mittel gibt es für uns, die Porträt-Ähnlichkeit zu beurteilen? Bei manchen Gestalten, vor allem bei Fürsten, gibt es viele Bilder, Ölgemälde, Zeichnungen, Stiche. Wenn man sie vergleicht, stellt sich das Gemeinsame heraus. Von den Dichtern wurden nicht so viele Bildnisse hergestellt. Von Rist gibt es immerhin mehrere Kupferstiche von verschiedenen Stechern aus sei-

17. Johann Michael Dilherr, Kupferstich von Jacob Sandrart nach einem Gemälde von Rudolf Werenfels.

nen früheren und späteren Jahren. Man kann seine Kopfform und seinen Ausdruck überall wiederfinden. Zahlreiche Bildnisse gibt es von Dilherr (Abb. 17). Das hängt wohl damit zusammen, daß er ein sehr angesehener Mann war und daß er in Nürnberg lebte, wo es gute Zeichner und Kupferstecher gab, außerdem Verleger, die an den Porträt-Stichen Interesse hatten. Wir können uns also von Dilherrs Aussehen durch den Vergleich gut eine Vorstellung machen. Auch von Harsdörffer (Abb. 30) gibt es mehrere Kupferstich-Bildnisse, die untereinander weitgehende Ähnlichkeit haben, und außerdem ist zu dem einen Stich die Vorzeichnung erhalten. So glücklich sind wir bei anderen Schriftstellern nicht. Wenn der Zeichner den Dargestellten zeichnete, fügte er hinzu: „ad vivum del(ineavit)" = nach dem Leben gezeichnet. Das wiederholte der Kupferstecher auf seinem Stich. Wenn aber ein Nachstecher diese Notiz einfach wiederholte – wie der seitenverkehrte Opitz-Nachstich in „Clarorum virorum imagines" von 1669 –, dann stimmte das nicht mehr.

Die barocken Kupferstich-Porträts zeigen mitunter einige Beigaben. Die Geistlichen und Gelehrten halten ein Buch in der Hand, oft stehen Bücher auch im Hintergrund, so bei Gerhard, Vossius, Heider, Meyfart und anderen. Manche tragen eine Ehrenkette, und an dieser hängt eine Medaille, mitunter ist trotz des kleinen Formats ein männlicher Kopf zu erkennen, das Bildnis des Kaisers oder des Fürsten, der diese Medaille verliehen hat (Abb. 18 u. 20). Auf den beiden Harsdörffer-Stichen von Strauch ist auf der Medaille der Palmbaum zu sehn (Abb. 30). Es ist also die goldene Denkmünze der „Fruchtbringenden Gesellschaft", die an einem grünen Band getragen wurde, wie Georg Neumark sie in seinem Buch „Der neu-sprossende Palmbaum" beschrieben und abgebildet hat. Harsdörffer legte auf die Mitgliedschaft bei der „Fruchtbringenden Gesellschaft" großen Wert.

Die Zutaten auf dem Porträt sind nur das eine, das andere sind die Zutaten in der Umrahmung. Auf dem frühen Rist-Porträt sieht man in der Umrahmung die vier Evangelisten. Das Neumark-Porträt von Dürr zeigt oben eine Hand, die einen Lorbeer reicht. Eine besondere Fülle barocken Beiwerks hat das Buchner-Porträt von Dürr nach dem Gemälde von Spetner (Abb. 18). Buchner trägt ein Medaillon mit dem Palmbaum der „Fruchtbringenden Gesellschaft". Sodann hat er an einer Kette das Bildnis eines Fürsten, wohl des Herzogs von Sachsen. Unter dem Porträt: „Unum est necessarium" (Lukas 10,42), „Eins aber ist not". Dies ist der Wahlspruch des Dargestellten. („Sym." = Symbolum d.h. Wahlspruch.) Sodann ist aus dem Namen Augustus

18. August Buchner. Kupferstich von Johann Dürr, 1656, nach einem Gemälde von Christoph Spetner.

Buchnerus ein Anagramm (Buchstabenvertauschung) gemacht, es ergibt: Vena, Thus, Grus, Cubus. Dabei ist das eine u des Namens als v genommen, was nach damaligem Schreibgebrauch möglich war. Dieses Anagramm besagt etwas über Buchners Wesen, sofern man die vier Wörter emblematisch deutet. Deswegen sind in die 4 Ecken Emblemata gesetzt. Links oben „Venae benignitas". Vena ist die Ader, speziell die poetische Ader, die geistige Anlage. Also Freigebigkeit (benignitas) der Begabung. Rechts oben: „Thus", der Weihrauch, bedeutet „cordis pietas", Frömmigkeit des Herzens. Unten links: „Grus", der Kranich, bedeutet „Ingenii alacritas", freudiger Eifer des Geistes. Der Kranich hat einen Stein in einer Kralle, denn wenn die Kraniche nach dem Süden fliegen und Pause machen, hält einer Wache, und damit er nicht einschläft, hält er einen Stein. Das war ein geläufiges Emblem. Rechts unten: „Mentis integritas", Redlichkeit, Lauterkeit des Geistes. Der Cubus ist das Sinnbild für Standhaftigkeit, rechte Lebensführung, tadellose Form. Es folgt noch ein zweites Anagramm, dann ein Gedicht in drei Distichen, das die Thematik der beiden Anagramme aufnimmt. Unter dem Gedicht steht, daß Magister Johann Frentzel es gemacht hat. Dieser Magister Frentzel von der Universität Leipzig war ein etwas skurriler Intellektueller. Mit den vier emblematischen Bedeutungen ist in der Tat etwas von Buchners Wesen erfaßt. Frentzel wollte dies alles auf dem Bilde haben, und der Stecher ging darauf ein, denn Frentzel finanzierte den Stich. Dieses Buchner-Porträt mit seinen Beigaben ist aber ein extremes Beispiel. Im allgemeinen tritt das Emblematische und Allegorische nicht so stark hervor, anderseits gehörte es damals in den Kreis des Üblichen. Es gibt auch viele Porträts ganz ohne allegorische Beigaben, etwa die von Andreae, Opitz, Fleming, Thomasius usw. Wenn man vergleichsweise auf die Dichtung der Zeit blickt, die so anspielungsreich, geziert, gelehrt, manieriert ist, fällt die Schlichtheit vieler Porträt-Stiche auf. Eins gehört aber immer dazu: der Name des Dargestellten und Angaben über seine Stellung. Der Name wird entweder unter dem Bild angebracht oder im Rahmen des Ovals. Die Nennung der Ämter und Ehren war den Zeitgenossen wichtig ebenso wie das Lobgedicht. Die Stecher waren also gezwungen, diese Dinge im Bilde unterzubringen, und es ist durchaus eine Leistung, daß sie meist ein harmonisches Verhältnis von Bild und Schrift erreicht haben, sofern ihnen nicht Literaten wie der Magister Frentzel allzuviel Beiwerk aufluden.

Der Hintergrund, von dem die Köpfe sich abheben, ist meist ein dunkler Ton, der gemäß der Technik des Kupferstichs durch Strichlagen hervorgebracht ist. Bei Porträts des 16. Jahrhunderts sitzen diese Striche oft noch schlicht horizontal. Bei Sadeler um 1600 haben wir geschwungene Linien, die sich dem ovalen Rahmen anpassen und da, wo mehr Dunkelheit gewünscht wird, durch andere Linien gekreuzt werden. Jeder Kopf hat eine Lichtseite, da wird der Hintergrund dunkel gehalten, und eine Schattenseite, wo man den Hintergrund heller läßt. Das ist seit Sadelers meisterhafter Handhabung vielfach üblich. Die Straßburger Stecher Jacob van der Heyden und Peter Aubry lassen aber manchmal den Hintergrund ganz frei; der Kopf hebt sich dann scharf von dem Weiß des Blattes ab (Abb. 12 u. 19). Eine Besonderheit ist das Porträt des Heinrich Kornmann, denn im Hintergrund sieht man seine Heimatstadt Kirchhain in Hessen in einer sauberen und genauen Darstellung, die vermutlich mit der Lupe gearbeitet ist (Abb. 20). Der Stecher Sebastian Furck hat diesen Hintergrund heller gehalten als den Kopf, so daß dieser sich genügend abhebt. Während bei den Schriftstellern mitunter Bücher den Hintergrund bilden, wird der Maler Elsheimer mit Staffelei und Landschaftshintergrund gezeigt (Hondius), und Joachim Sandrart hat eine Athene-Büste neben sich (Jacob Sandrart sc., Verse von S. von Birken).

Das Format wechselt von Klein-Oktav bis zu Groß-Folio. Wenn Sammler ihre Kupferstiche nach Größe geordnet in Mappen legen, wissen sie: In den großen Mappen sind besonders die Fürsten, und bei den kleinen Formaten sind die Gelehrten. Bei dem Opitz-Bild des Jacob van der Heyden (Abb. 12) hat die Platte die Größe 14,8 × 9,7 cm. Das Bild selbst aber sitzt in einem Oval von 10,1 × 7,2 cm. Auch das Fleming-Porträt (Abb. 28) ist nicht größer, das Oval ist 8,9 cm hoch, 6,5 cm breit. In Nürnberg konnte man sich Größeres leisten, nachdem die Kriegszeit vorüber war. Nach dem Vorbild der Niederländer versuchte man Bildnisse, die in der Abtönung von Hell und Dunkel den Charakter eines Gemäldes nachahmen, so in Bildern von Dilherr (Abb. 17), dem hohen Geistlichen, und von Sandrart, dem berühmten Maler (Abb. 31). Hier ging man bis zu einer Plattengröße von 17,8 × 25,5 (Dilherr) und 33,3 × 21,8 (Sandrart), beide gestochen von Jacob Sandrart. Wenn das Kupferstich-Porträt in ein Buch kam, war das Format durch das Buch gegeben. Das Neumark-Porträt von Dürr steht vor seinem „Fortgepflanzten Lustwald“, 1657, das Bildnis des späten Rist vor seinen „Passionsandachten“, 1664. Die Bücher hatten meist kleines Format. Etwas größeres Format hatten die gedruckten Leichenpredigten. Auch diesen wurden gelegentlich Kupfer-

19. Johann Valentin Andreae. Kupferstich, vermutlich von Peter Aubry dem Jüngeren.

20. Heinrich Kornmann. Kupferstich von Sebastian Furck.

stiche beigegeben. Hundert Jahre lang blieb das Oval die vorherrschende Form. Die meisten Zeichner haben den Kopf mit den Schultern gut in den ovalen Rahmen hineinkomponiert. Es gibt aber auch Bilder mit mißlungenen Proportionen, z. B. das Bildnis Hofmannswaldaus mit dem viel zu großen Hintergrund.

Man kann von einer mit dem Grabstichel bearbeiteten Kupferplatte bis zu 1000 Abzüge machen. Die ersten 500 sind freilich besser als die späteren. Bei Einzelblättern war die Auflage nicht hoch. Die Kupferplatten, welche dem Sammelwerk von Boissard und de Bry dienten, wurden noch für alle späteren Auflagen benutzt, diese Auflagen waren nicht groß, denn es hatten nur wenige Käufer das Geld, um ein teures Werk mit vielen Kupferstichen zu kaufen. Die Bildnisse von Melissus (Abb. 22) und Posthius, die in der ersten Auflage von 1597 enthalten sind, zeigen noch bei späteren Auflagen eine gute Qualität. Wenn dem Buch eines Schriftstellers sein Porträt beigegeben wurde, richtete sich die Zahl der hergestellten Kupferstiche nach der Höhe der Auflage des Buches. Die Auflagen waren niedrig, zumal zur Zeit des Krieges, Ludwig von Anhalt schreibt in seinem Brief an Opitz vom 18. Dezember 1638 von 200 Exemplaren.

Es gibt nur wenig Kupferstich-Porträts von schriftstellernden Frauen. Das hängt damit zusammen, daß die Schriftsteller, von denen man Stiche machte, „Gelehrte“ waren, die studiert hatten. Den Frauen war die akademische Ausbildung aber versagt. Wenn Frauen Kirchenlieder schrieben oder Kochbücher verfaßten, kamen sie dadurch nicht in die Gruppe der „nobilitas literaria“, die man im Bild festhielt. Von der Dichterin Sibylle Schwarz, die 1638 mit 17 Jahren starb, haben wir einen Kupferstich, der 1650 ihren Gedichten beigegeben wurde, leider etwas ungeschickt und geistlos gearbeitet. Weit ausdrucksvoller ist das Bildnis der Catharina Regina von Greiffenberg. Die Augen blicken den Betrachter ernst, klug und leidend an. Dieses Bildnis wurde dem Druck der Leichenpredigt beigegeben, es wurden nur wenige Exemplare für den Freundeskreis gedruckt, es ist also sehr selten. In Nürnberg, wo die Dichterin die letzten 14 Jahre ihres Lebens verbrachte, waren solche Kupferstiche eher möglich als an anderen Orten. Dort entstand auch ein Kupferstich-Porträt von Regina Magdalena Limburger (Abb. 21). Sie war gekrönte Poetin und Mitglied des Ordens der Pegnitzschäfer, weil dieser auch Frauen aufnahm. Man hat aus den ernsten intelligenten Zügen den Eindruck, die Dargestellte habe ein arbeitsreiches Leben hinter sich, habe aber nebenher immer die Liebe zur Kunst behalten und in Nebenstunden ihre Verse ge-

21. Regina Magdalena Limburger, Dichterin in Nürnberg. Kupferstich von Johann Christoph Sartorius nach einem Gemälde von Conrad Eckhard.

schrieben. Im allgemeinen wurden auf Kupferstichen aber nur Männer abgebildet. Blickt man von hier auf die Malerei der Zeit, so ist das Bild ganz anders: Auf den Familienbildern gibt es viele Frauen und Kinder, nicht nur bei den Niederländern, sondern auch bei den deutschen Malern. Die Auftraggeber wollten ihre ganze Familie abgebildet haben, das Bild war für den Privatbesitz gedacht. Die Kupferstiche aber waren Blätter für den öffentlichen Verkauf oder Titelbilder von Büchern. Da galten andere Regeln.

Wenn man auch Wert legte auf das gelehrte Beiwerk der Verse und auf Einzelheiten im Bilde wie die Ehrenkette, so blieb die Hauptsache doch immer die Darstellung des Kopfes. Die Stiche des 17. Jahrhunderts zeigen fast immer das Halbprofil, während im 16. Jahrhundert, z. B. in den „Icones" von Reusner, noch oft das Profil vorkommt. Im 17. Jahrhundert ist das Profil sehr selten (Bildnis Abraham v. Franckenbergs). Gelegentlich gibt es die Ansicht von vorn (Justus Scaliger, der Theologe Danhauer, der Verleger Endter, (Abb. 26). Bei weitem am häufigsten aber ist das Halbprofil. Dabei wechselt nur die Richtung des Blicks. Einige Köpfe blicken geradeaus, die meisten blicken den Betrachter an. Bei den schräg stehenden Köpfen und den zum Betrachter gerichteten Augen ist bei den Augen auf der einen Seite mehr von dem Weißen des Auges zu sehn als auf der anderen. Das kann in der Technik des Kupferstichs zur Charakterisierung des Blicks sehr kunstvoll ausgenutzt werden.

Anders ist die Behandlung der Hände. Viele Porträts beschränken sich auf den Kopf. Andere sind Brustbilder und bringen auch eine Hand oder zwei Hände. So schon im 16. Jahrhundert das manieristische Bildnis des Melissus (Abb. 22), das durch die Haltung der Hand andeutet, daß es sich um eine humanistisch und künstlerisch geformte Persönlichkeit handelt. Im Gegensatz zu den Gelehrtenhänden des Melissus hat der Drucker Ritzsch (Abb. 23) kräftige Hände, denen man die Arbeit ansieht. Der Stecher ist hier zugleich der Zeichner, er hat nicht nur den Kopf, sondern auch die Hände genau erfaßt. Anders ist es auf den Stichen des Johann Dürr in Leipzig. Seine Köpfe sind sehr verschiedenartig und zeigen mancherlei Temperamente. Die Hände sind aber auf allen Bildern die gleichen. Das ist wohl so zu erklären: Dürr reiste in Sachsen und Thüringen herum und zeichnete die Köpfe prominenter Männer, also Fürsten, Adlige, Theologen, Professoren, Bürgermeister usw. Dann fuhr er nach Leipzig und stellte dort die Kupferstiche her. Je nachdem, wie er es gut fand, brachte er auch Hände an, aber niemals nach dem Modell. Die großen Künstler

22. Paul Melissus. Kupferstich von Theodor de Bry aus „Icones virorum illustrium" 1597.

23. Gregor Ritzsch, Buchdrucker und Kirchenlieddichter. Kupferstich von Albrecht Christian Kalle nach eigener Zeichnung.

kannten natürlich den Ausdruckswert der Hände. Van Dyck hat die Künstlerhand des Jan Brueghel mit wenigen Strichen charakterisiert (Abb. 24), ebenso die kräftigen Hände Wallensteins, die dann der Stecher Petrus de Jode entsprechend wiedergab (Abb. 25). Die Zeichner und Stecher der Bildnisse von Arndt, Lohenstein, Neumark und anderen haben es verstanden, die Hände individuell zu gestalten, wenn auch nicht mit so viel Ausdruckskraft wie van Dyck.

Im allgemeinen blicken die Schriftsteller auf den Kupferstichen den Betrachter ernst und ruhig an. Die Zeichner und Stecher arbeiten heraus, daß es sich um würdige Gestalten handelt, aber sie bleiben mit Selbstverständlichkeit in einer bürgerlichen Haltung. Das zeigt besonders der Vergleich mit Bildnissen von Fürsten. Kaiser Rudolf II., von Sadeler gestochen, zeigt eine repräsentative Haltung, durchdringenden Blick, kaiserliches Auftreten. Dazu kommen der Harnisch an der Brust und der Lorbeer um den Kopf. Da Rudolf II. zurückgezogen und ganz unmilitärisch lebte, hat er in reiferen Jahren wohl niemals einen Harnisch angehabt, und er hat auch keinen Lorbeer getragen. Der Kupferstecher aber stellt ihn so dar. Gustav Adolf, von van Dyck gemalt und von Paulus Pontius gestochen, hat die Haltung ruhiger Überlegenheit. Die Schriftstellerbildnisse sind anders, entsprechend dem Stande. Sie sind auch anders als die Bildnisse der Verleger. Die Nürnberger Verleger Endter, die über gute Kupferstecher verfügten, sind auf den Bildern in ihrer Energie und ihrem anspruchsvollen Auftreten die erfolgreichen Geschäftsleute, als die wir sie aus ihrer Lebensgeschichte kennen (Abb. 26). Auch ein vergleichender Blick auf die französischen Stiche ist lohnend. Das Bildnis des Racine, gestochen von Edelinck (Abb. 27), zeigt sofort: Hier handelt es sich um eine ganz besondere Gestalt, bei der Begabung, Leistung, Ansehen und Aussehn einander entsprechen. Deswegen auch nur die kurze Unterschrift „Jean Racine de l'Academie Francoise“. Edelinck kam aus der Tradition der Rubensstecher und arbeitete in Paris im Kreise der Akademie. Die deutschen Dichter sehen auf den Stichen bürgerlicher aus.

Die Fürstenbildnisse sind auch deswegen von Interesse, weil manche Fürsten in den Dichtungen vorkommen. Weckherlin hat 1631 ein schönes Gedicht auf Gustav Adolf gemacht und dann 1632 eine Klage über dessen Tod folgen lassen. Er lebte damals in England und hat also den König nie gesehen, doch er kannte dessen Porträt im Kupferstich. In dem großen Trauergedicht behandeln die Strophen 28–31 das Bildnis des Königs. Auch Fleming hat Gustav Adolf besungen, sowohl lateinisch wie deutsch, und vermutlich hat auch er sein Aussehn nur

24. Jan Brueghel, genannt „Blumen-Brueghel“. Radierung von Anton van Dyck.

25. Albrecht von Wallenstein. Kupferstich von Petrus de Jode nach einem Gemälde von Anton van Dyck.

26. Wolfgang Endter, Verleger in Nürnberg. Kupferstich ohne Stechernamen.

27. Jean Racine (1639–1699). Zeitgenössischer Kupferstich von Gérard Edelinck.

aus Kupferstichen gekannt. Simon Dach besingt den Großen Kurfürsten Friedrich Wilhelm, in dessen Gesicht neben Klugheit und Strenge auch Gutmütigkeit zu finden ist, und so kann man auch von dem Bilde aus verstehen, daß von ihm zu dem Dichter sich ein patriarchalisches Verhältnis bilden konnte. Gryphius hat in einem seiner besten Sonette die Königin Marie Henriette von England besungen, deren Mann, Karl I., in England in Kämpfe mit dem Parlament verwickelt war und für den sie in Holland Truppen anwarb. Wenn man sehen will, wie die von Gryphius Besungene aussah, hat man einen vorzüglichen Kupferstich von Wenzel Hollar nach van Dyck, der die schöne und selbstbewußte Frau darstellt (Abb. 11), ferner einen Stich von Moncornet, der als Hintergrund Reiter und einen Kampf zeigt – genau passend zu dem Sonett des Gryphius. Auch der große holländische Dichter Vondel hat diese Königin besungen. Grimmelshausen läßt in seinem „Simplizissimus" (I,20–34; II,1–14; V,8–9) den schwedischen Gouverneur Jacob Ramsay auftreten. Wir haben dessen Bild in einem Kupferstich von Peter Aubry aus Straßburg im „Theatrum Europaeum". Wir haben ferner in Kupferstichen manche Gestalten aus dem Umkreis der Schriftsteller: Mäzene, Verleger, Freunde, aber leider nicht die Ehefrauen. Die Dichter haben sich mitunter erfreut und verständnisvoll über die Maler und Kupferstecher geäußert. Opitz hat Bartholomaeus Strobel, der ihn in Danzig gemalt hatte, in einem Gedicht gepriesen (Weltliche Poemata II, S. 43 f.), und Neumark in Weimar bringt im dritten Teil seines „Fortgepflanzten Lustwalds", 1657, ein kleines Lobgedicht auf Dürr, der sein Porträt vor dem ersten Teil dieses Werkes gestochen hatte. Rist erzählt im vierten seiner „Monatsgespräche", daß Matthäus Merian der Jüngere ihn in Wedel besucht habe und zum Staunen aller Anwesenden in zwei Stunden ganz porträtähnlich gezeichnet habe.

Die deutschen Kupferstecher lebten in dem durch den dreißigjährigen Krieg heimgesuchten Land, es gab keinen kulturellen Mittelpunkt wie Amsterdam oder Paris. Die mittleren Begabungen schulten sich an den Kupferstichen, die es seit dem Beginn des Jahrhunderts gab, und arbeiteten für ihre Auftraggeber. Wenn es auch keine großen Meister unter ihnen gab, so doch tüchtige Porträtisten, welche die Köpfe der Gelehrten mit charakteristischen Eigenheiten wiedergeben konnten.

Bei den Schriftsteller-Porträts ergibt sich für uns die Frage: Geben die Bildnisse etwas von dem Geist, den wir aus den literarischen Werken kennen, wider? Und ergänzen sie vielleicht das, was wir von dort her wissen? Es bedarf dabei aber zunächst der Vorfrage: Ist dem

Bild einigermaßen zu trauen? Ist der Stecher selbst der Zeichner? Hat einer der tüchtigen Stecher wie van der Heyden, Aubry, Kilian, Sandrart den Stich angefertigt oder ein ungeschickter und kaum bekannter Mann? Gibt es mehrere Porträts des Schriftstellers, die man vergleichen kann (wie bei Harsdörffer)? Bei Nachstichen muß man doppelt vorsichtig sein, weil sie mitunter den Ausdruck weitgehend verfälschen. Wenn man diese Fragen bedacht hat, kann man den Charakter der Porträts näher betrachten.

Zu der ersten Generation der Barockdichter gehörte Martin Opitz (Abb. 12), der sich in die „nobilitas literaria" emporgearbeitet hatte und dann, um eine Lebensstellung zu haben, in Fürstendienste getreten war und in diplomatischen Missionen Reisen machte, dazwischen immer Zeit findend für seine formstrengen Dichtungen, mit Weitblick die Weltliteratur betrachtend, von einem kühlen, konfessionsüberspannenden Christentum. Der Stich des Jacob van der Heyden mit den klugen, ruhig blickenden Augen und dem gepflegten Äußeren entspricht genau dem, was wir aus Werk und Lebensgeschichte wissen. In der gleichen Generation Johann Valentin Andreae (Abb. 19): Das Porträt zeigt einen Kopf, bei dem man sich denken kann, daß er ein kluger tüchtiger Pastor, Superintendent und später Hofprediger war. Wir wissen aber, daß er in seinen vielen Schriften nicht nur als Theologe schrieb, sondern auch ein begabter Dichter war – sein Drama „Turbo" ist eine hervorragende Tragödie des zu viel wollenden Gelehrten – und in seiner Jugend mit der Darstellung eines Geheimbunds spielte. Vielleicht kann man in den Augen auch etwas von der verdeckt gehaltenen Phantasie erkennen. Ganz anders Jacob Böhme: eigenwillig, versonnen, im Gewand des Schusters. Auch wenn wir nur schwache und späte Kupferstiche haben, sie passen zu dem, was wir aus seinen Schriften kennen. Wiederum anders der Leipziger Buchdrukkermeister Gregor Ritzsch, der in seinen freien Stunden Kirchenlieder dichtete: ebenfalls in Handwerkertracht, aber mit einem Ausdruck gesammelter Kraft, Schlichtheit und Geist vereinend (Abb. 23). – Der Mitte des Jahrhunderts nähern wir uns mit Paul Fleming, der die Wirren, die er um sich sah, mit Gelassenheit ertrug und die Forderungen, die er an sich selbst stellte, zu erfüllen versuchte: „Sei dennoch unverzagt ..." Seine männliche Frische und Freude an allem Schönen ist auch aus dem Kupferstich zu erkennen (Abb. 28). Anders bei Zesen. Er machte spielerisch-formstreng Gedichte, schrieb inhaltreiche Romane, verfaßte mit wissenschaftlicher Genauigkeit eine „Beschreibung der Stadt Amsterdam" und schaffte es infolge seines Flei-

28. Paul Fleming. Kupferstich, vermutlich von August John, für Flemings „Teutsche Poemata“, 1646.

ßes, als freier Schriftsteller zu leben. Sein Bildnis von Christian von Hagen (Abb. 15) zeigt zwar ein freundliches Gesicht, aber nichts von dem Eifer und der vielgewandten Intelligenz seines eigenwilligen Werkes. Von Gryphius haben wir den Stich von Kilian, der einen ernsten Charakterkopf zeigt. Man kann sich vorstellen, daß der Dichter ungefähr so ausgesehen hat (Abb. 10). Sein breiter Kopf hebt sich ab von dem schmalen Gesicht des Johann Heermann, das zu einem Geistlichen paßt, der innige schmucklose Kirchenlieder schrieb und in allen Kriegsnöten bei seiner Gemeinde ausharrte (Abb. 29). Ganz anderen Charakter haben die Köpfe aus Nürnberg, wo man seit 1632 Ruhe vor dem Kriege hatte. Hier lebte Harsdörffer als angesehener Patrizier und schrieb seine zahlreichen Werke. Seine Porträts zeigen Intelligenz, Energie und Selbstbewußtsein (Abb. 30). Sie geben uns die Möglichkeit, ihn in verschiedenen Altersstufen zu sehn. In die etwas spätere Zeit Nürnbergs fällt das Schaffen Sandrarts, der mit seiner „Teutschen Academie", 1675, ein in diesem Jahrhundert einzigartiges Werk schuf, das noch Goethe benutzt hat, weil sich in ihm breites Wissen und künstlerisches Urteil vereinigen. Der Porträt-Stich von Kilian, der diesem Werk beigegeben ist, vereint in seinem Ausdruck Künstlertum, Energie und Repräsentation (Abb. 31). In die ruhigere Zeit der zweiten Jahrhunderthälfte gehört Lohenstein, dessen Bildnis, von Tscherning gestochen, den geistvollen Kopf, die schöngeformten Hände und die Umwelt des Bücherfreunds zeigt (Abb. 32). Während hier das Literarische deutlich wird – nicht Lohensteins hohe Stellung in Breslau –, tritt in den Bildnissen des Abraham a Sancta Clara ganz der katholische Geistliche hervor, der Seelsorger und Prediger, es deutet aber nichts auf seine Schriftstellerei und ihre humorvollen Einschübe. Bei Spener sehen wir dann den sorgenvoll blickenden Seelsorger, der ins Innere schaut und die Bewegung des Pietismus einleitet (Abb. 13). Am Ende des Jahrhunderts stehen zwei Philosophen. Thomasius ist nicht nur der scharfsinnige Denker, sondern auch der praktische Jurist und erfolgreiche Hochschullehrer, nach außen wirkend (Abb. 33). Leibniz, der weit bedeutendere, alles umfassende, zeigt sich im Bild mehr nach innen blickend bei aller Weite des Geistes (Abb. 34).

Die barocken Schriftsteller-Porträts wurden angefertigt, weil ein genügend großer Kreis vorhanden war, der diese Stiche erwerben wollte. Man wünschte die Männer, deren Werke man schätzte, auch im Bilde zu sehn. Nachdem zu Beginn des Jahrhunderts die Gelehrten den Begriff der „nobilitas literaria" geprägt hatten, wurden die, welche ihr angehörten, erstens in Leichenpredigten biographisch beschrieben,

29. Johann Heermann im Alter von 45 Jahren, 1631. Kupferstich ohne Stechernamen.

30. Georg Philipp Harsdörffer. Kupferstich von Jacob Sandrart nach einer Zeichnung von Georg Strauch.

31. Joachim Sandrart. Kupferstich von Philipp Kilian nach einem Gemälde von Johann Ulrich Mayr. Titelbild von: Sandrart, Academie der Bau-, Bild- und Malerey-Künste. Nürnberg 1675.

32. Daniel Casper von Lohenstein. Kupferstich von Johann Tscherning, 1688, nach einer Vorlage aus dem Jahre 1683.

33. Christian Thomasius. Kupferstich ohne Stechernamen nach einem etwa 1704 entstandenen Gemälde des Malers Samuel Blaettner.

34. Gottfried Wilhelm Leibniz. Kupferstich von David Ulrich Böcklin.

zweitens in biographische Sammelwerke wie die von Melchior Adam und Henning Witte aufgenommen und drittens in Kupferstichen festgehalten. Das blieb seit dem Anfang des Jahrhunderts so und wurde ein selbstverständliches Stück der deutschen Barock-Kultur.

In der Literatur des 17. Jahrhunderts gibt es viel Gelehrtes, Manieriertes, Überspitztes, Höfisches. Die Kupferstiche zeigen demgegenüber eine ruhigere sachliche Haltung. Von dem Straßburger Andreae-Porträt bis zu dem Spener-Bild in Schabkunsttechnik gibt es eine Reihe von schlichten sorgfältigen Bildnissen ohne Beiwerk außer dem Namen. Das überladene Buchner-Porträt ist eine Ausnahme, und der Stecher ist zu dem manierierten Beiwerk nur durch den literarischen Auftraggeber gebracht. Die deutschen Stecher gehörten als Kunsthandwerker zu dem Bürgertum, das seine Kultur aus dem 16. Jahrhundert in das 18. Jahrhundert hinübertrug, auch wenn das äußerlich wenig hervortrat. Sie haben mit sachlicher Kunst die Köpfe ihrer Modelle wiedergegeben, so daß wir uns in vielen Fällen ein Bild von deren Persönlichkeit machen können.

Die Zeichner und Stecher gaben den Schriftsteller-Köpfen die Schlichtheit bürgerlichen Daseins und die Würde geistigen Lebens. Will man die geistige Kultur Deutschlands im Jahrhundert des Barock in ihren Zusammenhängen überblicken, sind die Porträt-Stiche eine gute Ergänzung zu den gedruckten Werken. Man muß natürlich zunächst den Rang des Stechers oder Nachstechers bedenken. Wenn man ihm aber einigermaßen trauen darf, ist es immer wieder reizvoll zu beobachten, wie weit Werke, Lebenslauf und Porträt einander entsprechen und ergänzen.

Barock und Goethezeit
Wandlungen des Weltbildes

Paul Fleming schrieb 1640 ein Gedicht mit einem Rückblick auf sein Leben. Er dankt den Musen, die ihm zu seiner Leistung verholfen haben, und sagt:

> ...Man wird mich nennen hören,
> Bis daß die letzte Glut dies alles wird verstören.[1]

Mit der „letzten Glut" ist das Jüngste Gericht gemeint, das in der Bibel auch das Ende der Erdenwelt bedeutet und dort als „Verbrennen" oder „Feuer" bezeichnet wird (2. Petrus-Brief 3,10; Offenbarung Johannis 20,9).

Wie aber kommt Fleming dazu, zu sagen, man werde seine Werke bis zum Jüngsten Gericht kennen? Hatten er und die Leser, an die er dachte, eine Vorstellung davon, wann das Jüngste Gericht kommen werde? Sie hatten eine solche Vorstellung. Man rechnete 1640 damit, daß es bis zum Weltende noch etwa 100, längstens 300 Jahre dauern werde.

Dafür gibt es viele Zeugnisse. Man beginnt am besten mit den großen theologischen Werken, weil diese das Weltbild in seinen Grundlagen darstellen. Der Jenaer Theologe Johann Gerhard gab in seinen „Loci theologici", 1610–1622, einen solchen Überblick über alle Fragen und behandelte im 9. Band das Jüngste Gericht. Er sagt, Gott lebe in der Unendlichkeit. Er hat die Welt geschaffen als etwas Endliches, was wieder aufhören wird, wie es aus vielen Stellen der Bibel hervorgeht. Gerhard schreibt: „Quodcunque coepit esse, illud etiam desinit esse, nisi scilicet ad imaginem Dei immortalis sit conditum et supernaturali Dei virtute in aeternum subsistat, quales ex omnibus creaturis sunt soli angeli et homines. Jam vero mundus coepit esse, per primam scilicet creationem. Ergo etiam desinet esse, cum non sit ad imaginem Dei conditus nec supernaturali Dei virtute in aeternum conservandus... Si enim potuit Deus verbo suo mundum creare, utique etiam poterit eum verbo suo iterum destruere."[2] „Was angefangen hat zu sein, das hört auch auf zu sein, außer wenn es nach dem Bilde des unsterblichen Gottes geschaffen ist und durch übernatürliche

Gabe Gottes in Ewigkeit bestehen bleibt, solcher Art sind aber aus allen Geschöpfen nur die Engel und die Menschen. Nun hat aber die Welt angefangen zu sein durch die anfängliche Schöpfung. Folglich wird sie auch aufhören zu sein, da sie nicht nach dem Bilde Gottes geschaffen ist und nicht durch übernatürliche Gabe in Ewigkeit stehen bleiben soll ... Wenn nämlich Gott durch sein Wort die Welt schaffen konnte, kann er gewiß durch sein Wort sie auch wieder zerstören."

Das Jüngste Gericht ist im Neuen Testament an vielen Stellen genannt als das Ende der zeitlichen Schöpfung. Matth. 5,18: „Denn ich sage euch wahrlich: Bis daß Himmel und Erde zergehe, wird nicht zergehen der kleinste Buchstabe vom Gesetz." Bei Markus, Kapitel 13, gibt es eine ganze Predigt Jesu über das Weltende und dessen Vorboten, und es heißt dann lapidar: „Himmel und Erde werden vergehn." (13,31) Und im 2. Petrus-Brief 3,10: „Es wird aber des Herren Tag kommen wie ein Dieb in der Nacht, in welchem die Himmel zergehen werden mit großem Krachen und die Erde und die Werke, die darauf sind, werden verbrennen." Dieser Satz über das Weltende steht hier nun zusammen mit einem anderen: „Eines aber sei euch unverhalten, ihr Lieben, daß ein Tag vor dem Herrn ist wie 1000 Jahre und 1000 Jahre wie ein Tag." (3,8) Das ist ein Zitat aus den Psalmen (90,4), hier ist dieses Zitat nun aber in den Abschnitt über das Weltende hineingenommen. Das machte die Theologen der Frühzeit aufhorchen. In dem Barnabas-Brief, um 130 geschrieben, wird über die Weltdauer spekuliert (Kap. 21). Um das Jahr 200 schrieb Irenäus sein Werk „Adversus haereses". Da heißt es in Buch V, Kap. 23: „Quotquot diebus factus est mundus, tot et millenis annis consummatur ... Est enim dies Domini quasi mille anni. In sex autem diebus consummata sunt, quae facta sunt. Manifestum est, quoniam consummatio ipsorum sextus millesimus annus est." „Soviel Tage die Erschaffung der Welt gedauert hat, soviel Jahrtausende wird sie im ganzen bestehen ... Es ist nämlich ein Tag des Herrn wie tausend Jahre. In sechs Tagen wurde zur Vollendung gebracht, was geschaffen ist. Daraus geht hervor, daß die Schöpfung in 6000 Jahren ihre Vollendung findet."[3] Diese These wurde auch anderswo überliefert, z. B. in der sogenannten „Elias-Apokalypse", deren Entstehungszeit etwa im 2.–4. Jahrhundert liegt. Durch sie kam die Verwechslung zustande, der Prophet Elias habe bereits von den 6000 Jahren Weltzeit gesprochen.[4]

Die Lehre des Irenaeus von den 6000 Jahren Weltzeit wurde von den anderen Kirchenvätern übernommen. Es gab zwar auch eine skeptische Stimme, Eusebius von Caesarea,[5] doch die verschwand in der

Fülle der anderen. Die Überlieferung ging stetig weiter. Die Kirchenväter standen im 16. und 17. Jahrhundert in hohem Ansehn, bei den Lutheranern und Calvinisten ebenso wie bei den Katholiken.

Man hatte also die Lehre von den 6000 Jahren Weltzeit. Nun aber kam etwas Neues hinzu. Man begann, Zeittafeln aufzustellen. Im Alten Testament gibt es viele Angaben über die Lebensdaten der Patriarchen wie Abraham, Jakob usw. Schon in der altjüdischen Literatur hatte man daraufhin Zeitberechnungen aufgestellt, und an diese anknüpfend versuchte man nun im 16. Jahrhundert die Zeit von Adam bis zu Jesus festzustellen. Man hatte anderseits durch die Erforschung der Antike im 16. Jahrhundert Jahreszahlen der griechisch-römischen Welt, und nun war die Aufgabe, diese mit den biblischen Zahlen in Übereinstimmung zu bringen.

Im Jahre 1532 veröffentlichte Johann Carion in Wittenberg – also im Bereich Luthers und Melanchthons – seine „Chronica". Zu Beginn sagt er: „Sechs tausend Jahr ist die Welt, und darnach wird sie zubrechen ... Und so die Zeit nicht ganz erfüllet wird, wird es feilen umb unser Sünde willen, welche groß ist." (feilen = fehlen) Dieser letzte Satz bezieht sich auf Markus 13,20, wo von der Endzeit die Rede ist. Da heißt es: „Und so der Herr diese Tage nicht verkürzet hätte, würde kein Mensch selig; aber um der Auserwählten willen, die er auserwählt hat, hat er diese Tage verkürzet." Carion errechnet: Im Jahre 3954 nach Erschaffung der Welt ist Christus geboren. Wenn die Welt nach 6000 Jahren untergeht, bleiben nach Christo 2046 Jahre, und da man sich im Jahre 1532 befindet, noch 514. Nun ist aber gesagt, daß Gott diese Zeit „verkürzen" will, und so könnte das Ende ziemlich nahe sein. Carion schreibt am Schluß seines Buches: „Item zu bedenken, daß der Welt Ende nicht fern ist. Elias hat gesprochen, die Welt werde stehen 6 Tausend Jahr, und die sechsten Tausend Jahr werden nicht ganz erfüllet ... Nun sind sechshalb Tausend Jahr vorüber. Darumb muß das Ende nahe sein."

Mit diesem Werk von Carion hat sich Luther befaßt. Er legte sich handschriftlich eine „Supputatio annorum mundi" (Berechnung der Jahre der Welt) an. Da ist das Jahr 1540 das 5500. Jahr nach Erschaffung der Welt. Diese „Supputatio annorum" kam in die großen Ausgaben von Luthers Werken, 1557, 1558, 1570 usw. Außerdem gab es eine deutsche Übersetzung davon, „Chronica des ehrwürdigen Herrn D. Martin Luthers", die in Wittenberg 1550, 1551, 1553, 1559 und öfter erschien.[6] Ähnlich ist es bei Melanchthon, der Carions Chronik umarbeitete und zum Druck gab. Die Lehre von den 6000

Jahren liegt zugrunde, daher ist der Ausblick auf die Endzeit selbstverständlich. Ebenso bei dem Historiker Johannes Sleidanus, dessen Werk „De quatuor summis imperiis“ 1556 zum ersten Mal erschien und dann viele Auflagen erlebte. Das im 17. Jahrhundert viel gelesene Werk „Historische Chronik“ von Johann Ludwig Gottfried und Johann Philipp Abelin beginnt mit der Erschaffung der Welt 4000 Jahre vor Christo und dem Hinweis, daß diese „ihre 6000 Jahr nach dem Spruch Eliae vollendet hat und nun alles zur Neige gehet“.

Zeittafeln mit den Hauptgeschehnissen von der Erschaffung der Welt bis zur Gegenwart gab es nicht nur in diesen großen chronologischen Werken von Carion, Sleidanus, Scaliger, Calvisius, sondern sie wurden auch in verkürzter Form in Werke wie die „Gülichische Chronik“ von Adelarius Erich, Leipzig 1611, hineingenommen. Bedeutsam war vor allem, daß diese Chronologien Eingang fanden in die Bibeldrucke, zunächst bei den Lutheranern, dann auch bei den Katholiken. Meist reichen sie von der Erschaffung der Welt bis zum Tode Christi.[7] Wenn man keine Zeittafel beifügte, gab man mitunter eine doppelte Datierung auf dem Titelblatt, z. B. „Die Heilige Schrift ... nach D. Martin Luthers Dolmetschung herausgegeben von Abraham Calov. Im Jahr 1681, welches ist das 5681. Jahr von der Erschaffung der Welt. Zu Wittenberg.“

Wie sieht es nun aber bei einem Naturwissenschaftler wie Kepler aus? Kepler hat sich neben seinen astronomischen Forschungen auch mit chronologischen Fragen beschäftigt. In seinem „Mysterium cosmographicum“, Kapitel 23, spricht er von 5557 Jahren Weltzeit im Jahre 1595. (Werke Bd. 1. ed. M. Caspar S. 78)[8] In einem chronologischen Werk, das damals nicht zum Druck kam, schließt er sich im allgemeinen an die Chronologien von Sleidanus und Scaliger an und sagt, die Welt sei 3993 Jahre vor Christi Geburt geschaffen. (Werke ed. Frisch, Bd. 4, S. 131) Er kennt die entsprechenden Zahlen bei Luther, Melanchthon und anderen und führt sie in seinen Manuskripten an. (Frisch Bd. 7, S. 753, 757) Diese Vorstellung, die dem christlichen Weltbild der Zeit entspricht, bildet den Hintergrund seiner Werke. In „Harmonices mundi libri V“, 1619, wo er die harmonikalen Verhältnisse der Welt aufzeigt, sagt er in der Vorrede zum 5. Buch, Gott habe etwa 6000 Jahre auf einen Betrachter dieser Dinge gewartet. In dem großen Werk „Tabulae Rudolphinae“, 1627, spricht er von 3993 Jahren bis zu Christi Geburt.[9] In einer Schrift über das Geburtsdatum Christi, die er in deutscher Sprache erscheinen ließ, setzt er auf das Titelblatt: „im Jahr von Erschaffung der Welt 5612, im Jahr Christi

1620."[10] Kepler bleibt also bei den üblichen Vorstellungen von der Weltzeit. Seine Korrekturen der bisherigen Berechnungen beziehen sich auf Unterschiede von etwa 5 Jahren, also auf unwesentliche Einzelheiten.[11]

Da man von 6000 Jahren Weltzeit ausging und da man in den neuen Geschichtswerken von Joseph Justus Scaliger, „De emendatione temporum", Paris 1583, und Seth Calvisius, „Opus chronologicum", Leipzig 1605, übereinstimmend errechnet sah, daß die Welt im Jahre 3958 vor Christi Geburt geschaffen sei, blieb nur die Frage, wann das Weltende kommen werde. Zwar hatte Jesus zu seinen Jüngern gesagt, sie brauchten den Zeitpunkt des Weltendes nicht zu wissen (Matth. 24,36; 1. Tessalonicher 5,1–3), doch warum sollten in der Gegenwart sich nicht Gelehrte darüber Gedanken machen? Es waren keineswegs Eigenbrödler und Phantasten, sondern Fachleute wie Philipp Nicolai, Hauptpastor in Unna und dann in Hamburg, und Elias Reusner, Professor für Geschichte an der Universität Jena. Beide zogen alle Zahlen aus der Bibel heran, vor allem die Lebensdauer Jesu, die sie mit 33½ Jahren ansetzen, und die „Jubelperioden" von 50 Jahren. Beide errechneten als Weltende das Jahr 1670.[12] Als Johann Gerhard 1622 den 9. Band seiner „Loci theologici" veröffentlichte, hielt er es für nötig, seitenlang die Berechnungen des Weltendes mitzuteilen, natürlich die von Nicolai und Reusner, aber auch die abweichenden Zahlen: bei Chytraeus ist es 1695, bei Selnecker 1688, bei Melanchthon 1680. Der reformierte Polyhistor Johann Heinrich Alsted (1588–1638) errechnete das Weltende für 1694.[13] Etwas anders urteilt Johann Matthaeus Meyfart. In seinem Buch „Das Jüngste Gericht", 1632, sagt er am Ende des ersten Teils, daß die in der Bibel vorausgesagten Vorboten wie Ketzereien, Krieg, Seuchen, Verfolgung Rechtgläubiger alle jetzt zuträfen und also das Gericht nahe sei. Doch er hält nichts von Berechnungen in der Art, wie Reusner und Nicolai sie angestellt hatten.[14]

Wenn man diese Vorstellungen des Barockjahrhunderts von den 6000 Jahren Weltzeit kennt, kann man Fleming besser verstehen, wenn er sagt:

> ... Man wird mich nennen hören,
> Bis daß die letzte Glut dies alles wird verstören.

Er hat dasselbe auch in einem seiner lateinischen Gedichte gesagt:

> Non moriar cunctus, sed sera per ora virorum
> orbis in exequiis noster orabit honor.

„Ich werde nicht ganz sterben, sondern durch spätere Stimmen / wird unsere Ehre noch am Ende der Erdenwelt erklingen." (Lat. Gedichte ed. Lappenberg S. 431; anklingend an Horaz, Carmina III,30.)

In einem Trauergedicht von 1635 auf eine verstorbene Frau schreibt er:

Wie viel' sind ihr hingefahren,
Wo auch diese zogen hin
In den sechshalbtausend Jahren.
Alle waren, was ich bin,
Alle wurden so zu Erden,
Wie wir alle werden werden.

(Deutsche Gedichte, hrsg. von Lappenberg, Bd. 1, S. 281.)

Das Wort „sechshalbtausend" bedeutet: das sechste Tausend halb, also 5500. Das ist der Rückblick. Und was den Vorblick betrifft, spricht er in einem Gedicht auf seinen Freund Olearius von dessen Lob,

Das steifer als Demant und Gold im Feuer hält
Und endlich mit der Welt in einen Haufen fällt.

(Bd. 1, S. 160.)

Ähnliches gibt es auch bei anderen Dichtern. Als Martin Opitz 1639 gestorben war, gaben seine Freunde in Danzig eine Sammlung Gedichte auf ihn heraus.[15] Michael Albinus, Prediger an der Katharinen-Kirche, lobt besonders Opitz' dichterische Umformung der Psalmen und sagt:

Ein Buch, das wohl die Zeit garnicht verzehren wird,
Bis zum Gerichte kommt von Sion unser Hirt.

Man sieht hier, daß Flemings Blick auf das Weiterleben eines Werks bis zum Jüngsten Gericht nichts so Besonderes war.

Die Lehre, die dahinter steht, war allgemein. Bei Harsdörffer, in seinen „Frauenzimmer-Gesprächspielen", denken sich die Teilnehmer ein Spiel aus: Einer nennt dem anderen eine Zahl, und der Angesprochene muß sagen, was ihm zu dieser Zahl sogleich einfällt. Einer nennt also die Zahl sechs, und der andere antwortet: „Sechs Tag sind zur Arbeit versehen, vorbildende die sechs Tag, in welchen Gott die Welt erschaffen hat, und die 6000 Jahr, welche sie stehen soll, dann ein Tag ist wie 1000 Jahr für Gott." (Bd. 2. Neudruck 1968, S. 76)

Der Dichter Johann Rist veröffentlichte 1634 sein Gedichtbuch „Musa Teutonica" mit Gedichten auf seine Freunde, auf die Liebe, auf den Frühling usw., also ein durchaus weltliches Buch, aber auch hier findet sich in der Einleitung sogleich der Hinweis: „Wann wir den wunderbarlichen Zustand der itzigen Welt, da fast alles über und über gehet, ... aufs fleißigste betrachten, und selbiges mit den Prophezeiungen der Heiligen Schrift und anderer erleuchteter Männer conferieren, so müssen wir ganz gerne gestehen, daß das Ende der Welt nunmehr gewißlich heran nahe und daß wir, die wir jetzo leben, fast die allerletzte Zeit erreichet haben." Das schreibt Rist zur Zeit des 30jährigen Krieges, das Elend dieser Zeit erinnert ihn an das, was in der Bibel für die letzte Zeit vor dem Jüngsten Gericht vorausgesagt ist: Krieg, Pest, Teuerung (Matth. 24,6f.; Lukas 21,10f.). Doch es bedurfte dieser Motive nicht. Durch die Weltzeit von 6000 Jahren und den Weltbeginn vor etwa 5500 Jahren war das nahe Ende eine klare Folge. Es fragt sich für den rückschauenden Historiker nur, wie weit dieser Gedanke auf das Lebensgefühl wirkte. Man wußte: Was die sittliche Existenz betrifft, richtet sich Gottes Urteil allein nach dem Maß der Sünde, unabhängig von der Zeit. Für das Lebensgefühl der meisten machte es anscheinend wenig aus, ob das Jüngste Gericht in 100 oder 300 Jahren käme. Die Politiker scheinen sich um diese Voraussagungen nicht gekümmert zu haben, sie wollten ihre Machtpläne durchsetzen.

Die Vorstellung von den 6000 Jahren Weltzeit und dem baldigen Jüngsten Gericht gibt es keineswegs nur bei den Theologen und gelehrten Schriftstellern, sondern auch bei volkstümlichen Dichtern. Aus dem Ende des 16. Jahrhunderts haben wir ein Gedicht, in welchem der Verfasser das, was er bei Luther, Melanchthon, Carion, Sleidanus gelesen hat, knapp und klar wiedergibt:

Elias der prophetisch Mann
hat seinen Schülern gezeiget an,
Wie lang die Welt soll bleiben stehn,
ehe daß sie soll zu Boden gehn.

Spricht: „Sie wird stehn sechs tausend Jahr,
denn wird sie vergehn ganz und gar."
Der Herr Christ hat aber gemeldt,
es wird so lang nicht stehn die Welt,

Umb der Auserwählten auf Erden
müssen die Zeit verkürzet werden,
Darum kann die Welt nicht lang mehr stehn,
sie wird gar bald zu Boden gehn.

Der Sohn Gottes, der wird gar bald
in seiner Herrlichkeit und Gewalt
Mit allen lieben Engeln rein,
Propheten und Aposteln sein

Kommen mit der Posaunen Schall,
zu halten in Josaphats Tal
Ein Jüngstes Gericht, merk mich eben,
ein jeder muß hier wieder leben...

Fünftausend Jahr verlaufen sein
schier gar, drumb kann's nicht müglich sein,
Die Zeit verkürzet werden muß,
darumb tut rechtschaffene Frucht der Buß,

Auf daß ihr auch werdet gezählt
zu den, die Gott hat auserwählt,
Und vertreibt hellischen Schmerzen,
wünschet Georg Engelhard von Grund seines Herzen.

(Kirchenlied, hrsg. von Wackernagel Bd. 5, S. 475 f.)

Der Schluß, in welchem der Verfasser seinen Namen nennt, erinnert an ähnliche Schlüsse bei Hans Sachs. Er zeigt – ebenso wie der ganze Stil –, wie sehr das Gedicht in die volkstümliche Literatur gehört. Und es ist nicht etwa die Stimme eines Sektierers. Die gab es auch, wir lassen sie hier weg, etwa die Chiliasten, die vom kommenden tausendjährigen Reich Christi auf Erden sprachen. Was hier der Dichter Georg Engelhard sagt, ist die offizielle Lehre der damaligen Kirche.

Die kirchlichen Dichter haben das Thema des nahen Weltendes oft behandelt.[16] Martin Moller (1547–1606) schreibt ein Lied „Der letzte Tag nu kommen wird" (Wackern. V, Nr. 71). Philipp Nicolai, der das Weltende auf 1670 errechnete, schreibt „Wachet auf, ruft uns die Stimme" (Wackern. V, Nr. 395), ähnlich sind anonyme Lieder wie „Der jüngste Tag ist nun nicht fern" (V, Nr. 692).

In der Zeit des dreißigjährigen Krieges mehren sich Lieder dieser Art. In der Bibel ist über die Endzeit gesagt, es werde Kriege geben, „teure Zeit", Pest, religiöse Irrlehren (Matth. 24,2–51; Luk. 21,6–36). Das alles traf nun zu. Da man Lehren wie die Jacob Böhmes oder die der Sozinianer schon als böse Irrlehren betrachtete, sah man „falsche Propheten" an vielen Stellen. Es traf also alles zu, was über die Endzeit prophezeit war. In dem „Rosetulum musicum", das der Musiker Melchior Franck 1628 in Coburg herausgab, steht ein Gedicht

Auf dein Zukunft, Herr Jesu Christ,
Warten wir alle Stunden,
Der Jüngste Tag nicht fern mehr ist,
Dann werden wir entbunden...

Johann Heermann (1585–1647) veröffentliche 1630 sein Lied „Wach auf, o Mensch, wach auf" (Fischer-Tümpel I, Nr. 321), das vor der Hölle warnt. Auch bei anderen vereinigt sich der Gedanke an den kommenden Weltuntergang mit der Angst vor den Höllenstrafen. Johann Rist schreibt ein Lied über den „herannahenden Jüngsten Tag", in dem es heißt:

Wach auf, der letzte Tag ist nah,
Es lehren's ja des Himmels Zeichen...

(Fischer-Tümpel II, Nr. 235.)

Auch bei Rist gibt es die Warnungen vor der Hölle. Schon Opitz hatte wegen der Ewigkeit der Höllenstrafen die Ewigkeit ein „Donnerwort" genannt (Werke, hrsg. Schulz-Behrend, IV,1 S. 121). Rist greift es auf in seinem Gedicht „O Ewigkeit, du Donnerwort" (Fischer-Tümpel II, Nr. 204) und läßt Höllenlieder folgen, die mit barocker Kraßheit das Schreckliche ausmalen (Fischer-Tümpel II, Nr. 236, 237).[17] Auch ein so weltlicher Schriftsteller wie Harsdörffer in Nürnberg (1607–1658) schreibt ein Lied „O Sündenmensch, bedenk den Tod" mit den Versen

Ist doch der Jüngste Tag nicht weit,
Dann folgen wird die Ewigkeit.

(Fischer-Tümpel V, Nr. 8)

Bei dem zarten und etwas ängstlichen Simon Dach liegt es nahe, daß er sorgenvoll an die Schrecken des Gerichts denkt (Fischer-Tümpel III, Nr. 97). Ähnlich sind anonyme Lieder wie

Der Jüngste Tag ist für der Tür,
Die Zeichen sind vorhanden...

(Fischer-Tümpel III, Nr. 201)

Diese Entwicklung geht auch nach dem dreißigjährigen Kriege weiter. Paulus Gerhardt veröffentlicht 1653 sein Lied „Die Zeit ist nunmehr nah" (Fischer-Tümpel III, Nr. 458), Johann Christoph Arnschwanger 1665 ein „Lied von der Zukunft Jesu Christi zum Gericht" (Fischer-Tümpel V, Nr. 319), ähnliche Gedichte schreiben Jakob Ritter 1666 (Fischer-Tümpel IV, Nr. 21) und Christian Friedrich Cunow 1672 (Fischer Tümpel IV, Nr. 211). 1683 veröffentlicht ein volkstümlicher Autor, Michael Enderlin, in Augsburg zwei kleine Bücher, „Zeit-Spiegel" und „Offenbarungs-Spiegel". Er kommt zu dem Ergebnis, Jesus sei 4200 Jahre nach Erschaffung der Welt geboren, das Jüngste Gericht werde bald erfolgen, Gott zögere nur aus Mitleid mit den Menschen. 1705 schreibt Benjamin Neukirch in seiner Rede auf den Tod der Königin Sophie Charlotte von Preußen: „Die Natur wirket nun bald sechs tausend Jahr."[18]

Der bedeutendste Dichter des deutschen Barock, Andreas Gryphius (1616–1664), hat das Thema der letzten Dinge in einer Gruppe seiner Sonette dargestellt, die zum künstlerisch Vollkommenen jener Epoche gehören. Sie stehen am Ende des II. Buches der Sonette, „Das letzte Gerichte", „Die Hölle", „Ewige Freude der Auserwählten", „Elias". Das Jüngste Gericht erscheint hier wie eine große Vision, so sehr auch die Einzelheiten alle aus der Bibel stammen. Das Thema wird weitergeführt in den „Sonn- und Feiertags-Sonetten":

> Die Zeit ist vor der Tür, in der die blinde Welt,
> Die, was nicht irdisch ist, für Fluch und Scheusal hält,
> Vor Gottes Richtstuhl wird die schwere Straf' empfinden.
>
> (3. Buch, Sonett 32)

Die letzten Dinge sind eins der zentralen Themen bei Gryphius.[19] Er spricht darüber natürlich auch in seinen „Leichabdankungen". Es war üblich, daß außer der Trauerrede, welche der Geistliche hielt, noch eine Rede eines Laien, eine „Leichabdankung" folgte. Gryphius hat 13 solche Reden zum Druck gebracht. Sie haben als Hintergrund die barocken Zeit-Vorstellungen und den Gedanken an den baldigen Weltuntergang. „Die Zeit der großen Zukunft Gottes, der uns aus der Erden erwecken wird, wird ja täglich erwartet." (Ausg. 1666, S. 117) „Rufet nicht anitzt die ganze christliche Kirche: Siehe, der Bräutigam kommt! Gehet aus, ihm entgegen! Ist nicht der Tag des Advents oder der Zukunft Christi vor der Tür?" (S. 187) „Wer will zweifeln, daß anitzt die letzten Tage." (S. 576)[20]

Zusammenfassend kann man sagen: Der große Gegensatz ist immer Zeit und Ewigkeit, sowohl bei den Theologen, z. B. Johann Gerhard, wie bei den Dichtern. Gryphius schreibt: „Und wenn mir Zeit abgeht, verleih die Ewigkeit." (Bd. 1, S. 73) Gott war, „eh die Welt gegründt" (Bd. 1, S. 5). Überall zeigt sich also: Die Welt ist endlich. Sie reicht von der Schöpfung bis zum Jüngsten Gericht. Gott ist unendlich, er war vorher da und wird nachher dasein. Da nun die Menschen nach seinem Bilde geschaffen sind, werden ihre Seelen ebenfalls ewig sein, im Himmel oder in der Hölle. Die Endlichkeit der Welt bezieht sich auf die Zeit und auf den Raum. Ihr steht die Unendlichkeit des Himmels gegenüber, zeitlich als Ewigkeit (aeternitas), räumlich als Grenzenlosigkeit (infinitas, immensitas). Wie also sind die Vorstellungen von dem Weltraum?

Eins der schönsten Gedichte des Andreas Gryphius ist das Sonett „An die Sternen". Die letzten Zeilen lauten:

> Herolden dieser Zeit, wenn wird es doch geschehen,
> Daß ich, der eurer nicht allhier vergessen kann,
> Euch, derer Liebe mir steckt Herz und Geister an,
> Von andern Sorgen frei werd unter mir besehen?

Der Dichter nennt die Sterne „Herolde" des Ewigen in „dieser Zeit". Und er fragt: Wann werde ich euch unter mir sehen? Wenn er im Himmel sein wird, werden die Sterne unter ihm sein. In einem anderen Gedicht bittet er Gott „Laß mich... Wenn ich hier untergeh, dort über Sternen stehen" (Bd. 3, S. 180). In einem Epigramm „Über die Himmels-Kugel" wird der Fixsternhimmel wie eine Kugel gedacht, welche die Schöpfung umschließt (Bd. 2, S. 206). Das war die allgemeine Auffassung, gegeben durch die Schöpfungsgeschichte der Bibel. Dort schafft Gott am ersten Tag „Himmel und Erde", am zweiten und dritten Tag gestaltet er die Erde aus, und dann am vierten Tag schafft er Sonne und Mond und die Sterne, die er an „die Feste des Himmels" setzt, „in firmamento caeli". Das Wort „firmamentum" gehört zu „firmus", d.h. fest, beständig. Der Himmel ist also ein festes Gewölbe, wo man sich Gott, die Engel und die Seligen zu denken hat. Diese Lehre der Bibel ließ sich durchaus vereinen mit der antiken Darstellung des Ptolemäus, die im 16. und 17. Jahrhundert unter den Gelehrten bekannt war.[21]

Wie sieht nun der große Astronom der Zeit, Kepler, das Weltsystem? Die Welt wird durch eine kugelförmige Gestalt abgeschlossen, wie schon Aristoteles gesagt hatte. „Mundum igitur totum figura claudi sphaerica, abunde satis disputavit Aristoteles." (Werke, Bd. 1, S. 24) Kepler gibt zu, daß er für die Kugelgestalt der Schöpfung keine „argumenta astronomica" habe, sondern nur „argumenta metaphysica" wegen der Vollkommenheit und Einfachheit der Form (Werke, Bd. 7, S. 46f.). Innerhalb dieser Kugel ist in der Mitte die Sonne, um sie kreisen die Planeten und die Erde, sie haben ihre „Sphären". Die Welt ist also endlich, zeitlich reicht sie von der Schöpfung bis zum Jüngsten Gericht, räumlich auf allen Seiten bis zu den Fixsternen, hinter denen der Himmel ist. Nur dort, bei Gott, ist Unendlichkeit.[22] Auch Johann Heinrich Alsted schreibt in seiner „Encyclopaedia", 1630: „Coelum exacte est rotundum", „Der Himmel ist exakt rund" (Teil 3, S. 689).

Die Gelehrten der Zeit wußten, daß es auch Theorien von der Unendlichkeit der Welt gab. Johann Gerhard sagt, „infinitas" (räumliche Unendlichkeit) und „aeternitas" (zeitliche Unendlichkeit) seien nur bei Gott, nicht in der Schöpfung (Bd. 9, S. 188 ff.). Er sagt auch, daß antike Autoren an die Unendlichkeit der Welt glaubten, doch das sei durch das Christentum überholt. Es gab auch einen neuen Autor, der von der Unendlichkeit der Welt gesprochen hatte, Giordano Bruno. Doch er war in Deutschland wenig bekannt. Seine Bücher waren selten und erlebten damals keine neuen Auflagen. Für die katholische Welt war er als Ketzer ohnehin indiskutabel. Bruno sprach von der Allbeseeltheit der Welt und ihrer Unendlichkeit. Kepler hat einiges von Bruno gelesen. Er nennt ihn gelegentlich, aber selten. Er sagt: „Ne tamen is nos in suam pertrahat sententiam de mundis infinitis", „Möge er uns nicht in seine Meinung von den unendlichen Welten fortziehen." (Werke, Bd. 4, S. 302) In seiner Schrift „De stella nova Serpentarii" bezeichnet er die Thesen Brunos und ähnlicher Geister als „philosophantium insania", „Unsinn der Philosophierenden" (Werke, Bd. 1, S. 253), und sagt, daß er im Gegensatz zu jenen an einen Anfang der Zeit (temporis initium) glaube und diese Meinung bei Augustinus bestätigt finde (Werke, Bd. 1, 1938, S. 270).

Auch Kepler, der große Astronom, bleibt also bei dem Bild der endlichen, begrenzten Welt. Es ist deswegen selbstverständlich, daß auch andere Geister in den alten Bahnen blieben. Nimmt man ein populär-astronomisches Werk wie Johann Georg Triegler, „Sphaera", Leipzig 1622, so sieht man: Die Grenze ist „das Firmament, darin die fixen Sternen", dahinter „der Himmel aller Heiligen Gottes" (S. 11). Hier wird die Erde noch im Mittelpunkt gesehen, um sie der Kreis des Monds, Kreis der Sonne usw. Das bleibt noch lange so. Im Jahre 1700 erscheint in Augsburg „Historischer Bilder-Bibel Erster Teil, in Kupfer gestochen von Johann Ulrich Krauss". Da sieht man zu Beginn ein Bild zum 1. Kapitel der Bibel: im Mittelpunkt die Erde, um sie herum 9 Kreise als Sphären von Mond, Sonne und Planeten, der 10. Kreis ist die Grenze der geschaffenen Welt, darüber ist der Himmel. Hier ist also noch nicht das Kopernikanische Weltbild aufgenommen. Protestanten und Katholiken gaben ihm erst im 18. Jahrhundert Geltung. Im Jahre

1758 wurde von der katholischen Kirche das Verbot gegen Bücher, die das kopernikanische Weltbild vertreten, aufgehoben.[23]

Diese Vorstellungen leben auch in der dichterischen Literatur. Klaj schreibt in seinen Rede-Oratorien: „Die Cherubinen nun Sternen ab fliegen" (Ausg. Wiedemann S. 9). Harsdörffer sagt in den „Frauenzimmer-Gesprächspielen", daß im Himmel „ein allmächtigster Gott sei, dessen Throns Fußschemel das Gestirn" (Bd. 3, S. 23), und im „Poetischen Trichter": „Der gestirnte Himmel ist der höchstgezierte Vorhof des himmlischen Palasts." (Bd. 3, 1653, S. 439) In dem Drama „Lucifer" des großen niederländischen Dichters Vondel, 1654, fliegt der Engel Apollion vom Himmel zur Erde durch neun Kreise (door negen bogen), auf denen sich die Planeten und der Mond bewegen (Vers 45 f.). Zum Schluß werden die abgefallenen Engel als Teufel in den Mittelpunkt der Erde verbannt (in't middelpunt der aarde, Vers 2166). Auch hier also die alte Lehre des Ptolemäus von den 9 Sphären.

Nur bei einigen wenigen Theologen gibt es damals die Überlegung, welche Johann Gerhard anstellt: „Beatorum corpora erunt spiritualia. Ergo non indigebunt loco aliquo corporeo, perinde ut angeli eo non indigent." (Bd. 9, S. 323) „Die Körper der Seligen sind spirituell. Also werden sie eines körperlichen Orts nicht bedürfen, ebenso wie die Engel dessen nicht bedürfen." Doch solche Äußerungen sind selten, sie bleiben auf ein paar gelehrte lateinische Bücher beschränkt.

Gleichbleibend ist bei allen Autoren die Unterscheidung von Zeit und Ewigkeit, von Welt und Himmel. Der Theologe Balthasar Mentzer macht 1669 in seinen „Opera latina" die Trennung genau so wie Johann Gerhard 1622, und im Register heißt es kurz: „Mundus non aeternus sed a Deo creatus", „Die Welt ist nicht ewig, sondern von Gott geschaffen". Für das Barock ist bezeichnend, daß man christlich ist und aus der Bibel die Endlichkeit der Welt herausliest, von der Schöpfung zum Jüngsten Gericht, jenseits davon ist dann die Ewigkeit.

Im 18. Jahrhundert beginnen diese Vorstellungen zurückzutreten oder unklar zu werden.[24] Barthold Heinrich Brockes (1680–1747) veröffentlichte 1721–1748 seine Gedichtsammlung „Irdisches Vergnügen in Gott". Da weist alles in der Natur, wenn man es recht betrachtet, auf Gott hin. Aber es ist nicht mehr wie im Barock von dem Gegensatz zwischen Endlichem und Unendlichem die Rede. In dem Gedicht „Die Sonne" sagt er:

Ohne Grenzen, Grund und Schranken
Ist der Raum durch Gottes Hand.
(Ausg. 1738, Neudruck 1965, S. 203, Strophe 69)

In dem Gedicht „Die Bewegung der Sternen“ (S. 671 ff.) spricht er mit Bewunderung von der Sternenwelt, aber kein Wort davon, daß hinter ihr der Himmel käme. In dem Gedicht „Gottes Größe“ heißt es:

Wer will sich denn träumen lassen,
Ein unendlichs All zu fassen,
Das, was Erd' und Himmel hegt,
In sich selbst begreift und trägt? (S. 534)

Hier ist also das All als „unendlich“ bezeichnet, ganz anders als im 17. Jahrhundert, als Kepler sich noch gegen ähnliche Äußerungen des Giordano Bruno absetzte. Es handelt sich bei Brockes hier um die räumliche Unendlichkeit.

Zu gleicher Zeit schrieb Albrecht von Haller, und bei ihm ergab sich nun die Frage nach der zeitlichen Unendlichkeit. 1736 begann er sein „Gedicht über die Ewigkeit“. Er schrieb es nicht zu Ende, es blieb Fragment, im Sprachgebrauch der Zeit: „unvollkommen“. In diesem Gedicht sieht Haller die Gegenwart als ein Stück der Ewigkeit, die sich vor und nach dieser Zeit ins Unendliche erstreckt. Kein Wort von Weltschöpfung, kein Wort von Jüngstem Gericht. Als Haller 1743 sein „Unvollkommenes Gedicht über die Ewigkeit“ veröffentlichte, machte er eine Fußnote, in welcher er sagt, er habe das Gedicht noch weiterführen wollen, und zwar in anderer Richtung, denn „Ein zweites Leben ist dennoch ausdrücklich angenommen“. Ich glaube, daß Haller das Gedicht nicht weiterführen konnte, weil er Christ sein wollte, weil aber sein Bild der Unendlichkeit nicht zu dem paßte, was in der damaligen Kirche, die noch in der Tradition der großen Dogmatiker des 17. Jahrhunderts stand, weitergeführt wurde. Daß Haller ein für seine Zeit neues Weltbild hatte, bezeugt Kant, der in seiner „Allgemeinen Naturgeschichte und Theorie des Himmels“ Teile von Hallers Gedicht zitiert, und zwar in dem Kapitel „Von der Schöpfung in ihrer Unendlichkeit“.

Doch damit, daß ein einzelner wie Haller 1736 in dieser Weise über die Unendlichkeit schrieb, war das neue Weltbild noch keineswegs allgemein. Im Jahre 1747 schreibt Zedlers „Universal-Lexicon“, das auf der Höhe der Zeit sein wollte, man befände sich jetzt, 1747, im Jahre 5713 nach Erschaffung der Welt, und gelegentliche Äußerungen, die Welt sei älter, könne man als atheistische Irrlehren abtun. Ähnlich wie mit den zeitlichen Vorstellungen war es mit den räumlichen. Noch im Jahre 1721 forderten die calvinistischen Zensoren in der Schweiz von dem Professor Johann Jakob Schleuchzer Streichung von Stellen, die kopernikanisch waren.[25]

Dann aber kam 1755 Immanuel Kant mit seiner Schrift „Allgemeine Naturgeschichte und Theorie des Himmels". Da heißt das 7. Hauptstück „Von der Schöpfung im ganzen Umfange ihrer Unendlichkeit sowohl dem Raume als der Zeit nach". Kant sagt, wir seien in eine Unendlichkeit hineingesetzt, zeitlich und räumlich. Die Fixsterne sind verschieden weit von uns entfernt, die Milchstraße besteht wahrscheinlich aus ganzen Systemen von Sternen, es geht dort in der Ferne immer weiter. Und ebenso zeitlich: „Es werden Millionen und ganze Gebirge von Millionen Jahrhunderten verfließen, binnen welchen immer neue Welten und Weltordnungen nach einander in den entfernten Weiten ... sich bilden." In dem „gesamten Universum" gibt es aber dieselben Naturgesetze „in einem einigen System". Der menschliche Geist ist imstande, diese weitgehend zu erfassen. Dieses ganze Kapitel ist durchzogen von religiösen Gedanken. Gott als der Unendliche begnügt sich nicht mit einer endlichen Welt, sondern ihm entspricht eine unendliche, und der Mensch ist imstande, diese zu erkennen in ihrer „Beständigkeit, die das Merkmal der Wahl Gottes ist". Kant endet sein Buch damit, daß „der Anblick eines bestirnten Himmels eine Art des Vergnügens, welches nur edle Seelen empfinden", bereitet. Hier hat Kant in seinen späteren, den philosophisch-kritischen Schriften weitergeführt. Der menschliche Geist vermag nicht nur Gesetze der Natur zu erkennen, sondern auch sein eigenes Denken auf das hin zu betrachten, was widerspruchslos denkbar ist. Er erkennt Werte, vor allem den sittlichen Wert, der ein Imperativ ist. Die geistige Ordnung lenkt also wie die Naturordnung den Blick auf den Schöpfer des Ganzen. Daher später die Formulierung: „Zwei Dinge erfüllen das Gemüt mit immer neuer und zunehmender Bewunderung und Ehrfurcht ... der bestirnte Himmel über mir und das moralische Gesetz in mir." (Kritik der praktischen Vernunft, Abschnitt „Beschluß") Kant spricht also von der Unendlichkeit der Welt, aber der Mensch ist in ihr nicht verloren, da er in sich einen Kontakt zu dem Schöpfer hat durch die Erkenntnis der Naturordnung und durch die Erkenntnis sittlicher Gesetze, die nicht willkürlich, sondern denknotwendig sind.

Die Unendlichkeit der Welt kam im 18. Jahrhundert bei vielen Denkern zur Sprache. Sie gehört in das Denken der Aufklärung. Oft war sie verbunden mit der Ablehnung des Christentums, bei d'Alembert, Lamettrie, Holbach, Voltaire und bei Diderot, der zusammen mit anderen die große „Encyclopédie", 1751–1780, schuf. Da das Weltanschauliche sich in der Französischen Revolution mit dem Politischen verband, schaffte der 1792 zusammengetretene Nationalkongreß das Christentum und auch die christliche Zeitrechnung ab.

Diese weltanschauliche Situation fand Herder vor, der in seiner Jugend bei Kant in Königsberg Vorlesungen hörte. Für Herder ist die Unendlichkeit der Zeit eine Selbstverständlichkeit. Wesentlich ist ihm aber: Innerhalb dieser unübersehbaren Zeiträume hat Gott auf der Erde Menschen entstehen lassen. Der Mensch hat sich entwickelt, er hat Geschichte. Und in der Geschichte des Menschen kommt es an auf das Beste am Menschen, sein sittliches Sein, die Liebe des Herzens, die Religiosität, das Denken, das Kunstschaffen. Alles dies, was den Menschen zum Menschen macht und sein Bestes ist, nennt Herder Humanität.[26] Und nun schreibt er eine Geschichte der Humanität. Dergleichen hatte es noch nie gegeben. In der Geschichte der Humanität sieht er als eine besondere Gestalt den historischen Jesus mit seinen Reden und der Art seines Lebens und Sterbens. Herder erfaßt die zeitliche und räumliche Unendlichkeit als moderner Geist, aber er vermeidet die Kurzschlüsse der flachen Aufklärung. Und indem er Geschichte der Humanität schreibt, setzt er der Geschichtsschreibung ganz neue Aufgaben. Bisher war sie Aufzeichnung von Ereignissen aus dem Leben der Staaten, der Fürsten, bestenfalls der Heiligen gewesen. Da man mit 6000 Jahren Weltzeit rechnete und beim Jüngsten Gericht Gott den einzelnen Menschen nicht fragen wird, in welchem Jahrhundert er gelebt hat, sondern ob er gut oder böse gewesen sei, betrachtete man die Geschichte als Quelle der „exempla" für die Ethik, und es war ganz folgerecht, daß im 17. Jahrhundert der Lehrstuhl der Ethik oft mit dem der Geschichte vereinigt war. Seit Herder erhält die Geschichte einen neuen Sinn, der Mensch denkt nach über seine Entwicklung, seine Gegenwart, seine Aufgaben, denn Humanität ist ihm überliefert als „Kette der Bildung" (Buch 9), und er muß seinerseits wieder an die nächste Generation das Beste dieser Tradition weitergeben. Dabei ist Herder ebenso wie Kant klar: Wenn man die Lehre von den 6000 Jahren Weltzeit aufgibt, bleibt das Ethische in seiner vollen Bedeutung, man kann vielleicht sogar sagen: es wird verfeinert. Zwar tat auch in der christlichen Welt der sittliche Mensch das Gute, weil es Gottes Gesetz ist, und nicht, um in den Himmel zu kommen. In der Kantischen Philosophie fällt der Gedanke der späteren Belohnung vollkommen weg, der Mensch tut das Gute nur um des Guten willen.

Goethe wuchs bereits mit den Ideen, die bei Kant und bei Herder geprägt waren, in die geistige Welt hinein. Wie rasch hatte sich alles verändert! Noch 1747 hatte Zedlers „Universal-Lexicon“ von den 6000 Jahren Weltzeit gesprochen, und noch 1750 hatte der Theologe Georg Heinrich Kanz ein ganzes Buch darüber geschrieben, „Kurzer Begriff des biblisch-chronologischen Systems von 6000 Jahren“.[27] 30 Jahre später besucht der junge Sturm- und Drang-Dichter Johann Anton Leisewitz Goethe in Weimar und notiert abends in seinem Tagebuch über das Gespräch: „Von dem Alter der Welt und der Narrheit, dieses Alter auf 6000 Jahre zu schätzen.“ (Goethes Gespräche, hrsg. von W. Herwig. Bd. 1, 1965, S. 301)

Wiederum etwa 50 Jahre später vollendet Goethe seinen Altersroman „Wilhelm Meisters Wanderjahre“ in der zweiten Fassung, 1829. Da gibt es das große Kapitel, in welchem Wilhelm Meister nachts bei klarem Wetter die Plattform der Sternwarte betritt. Er sieht den ganzen Sternenhimmel über sich. Er sagt bewegt: „Was bin ich denn gegen das All?“ Er ist verschwindend klein, gleichsam ein Nichts, aber er hat in sich das Wissen um Pflichten. Wilhelm Meister sagt sich, daß er am nächsten Tage Aufgaben habe, und andere Menschen hätten Nachteile, wenn er diese nicht erfüllte. Im Sittlichen kommt es nicht an auf groß oder klein, sondern auf richtig oder falsch. Der Mensch muß sich entscheiden und handeln, und wegen der inneren Beziehung zu einem göttlichen Imperativ kann er bestehen vor dem Unendlichen.[28] Diese Szene in den „Wanderjahren“ ist eine dichterische Weiterführung dessen, was Kant in seinem Satz von dem „bestirnten Himmel über mir“ und dem „moralischen Gesetz in mir“ gesagt hatte. Bei beiden ist die moderne Welt ausgeprägt.

Das Barock führte Vorstellungen fort, die zum Teil mehr als tausend Jahre davor von den Kirchenvätern geprägt waren. Was nach dem Barock kam, war die Neuzeit, die jetzt etwa 250 Jahre alt ist. Der heutige geistige Mensch muß sich wie Herder fragen, was er als Humanität durch die „Kette der Bildung“ erhalten hat und was er als Bestes weitergeben will. In diesem Zusammenhang hat die Interpretation der großen geistigen Leistungen der Zeit um 1800 ihren Sinn.

Anmerkungen

1 Aus dem Sonett „Ich war an Kunst und Gut...", Ausg. Lappenberg, Bd. 1, S. 460. – Die barocke Rechtschreibung ist in den kurzen Zitaten dieses Aufsatzes nicht eingehalten, sondern schonend modernisiert, da es nur auf den Inhalt ankommt.

2 Johann Gerhard, Loci theologici Bd. 9. Jena 1622. Cap. 20: De consummatione seculi, II, § 11. Im Neudruck Bd. 9, S. 139. Gerhard wird im folgenden zitiert nach dem Neudruck Bln. 1863–1875 mit Registerband 1885. – Inhaltlich übereinstimmend: Leonhard Hutter, Loci communes theologici. Vitebergae 1619. Insbes. S. 197ff.

3 Diese Sätze sind in dem Standard-Werk des Johann Gerhard zitiert (Bd. 9, § 77) und waren dadurch für die Theologen des 17. Jahrhunderts bereitgestellt.

4 Schon Johann Gerhard, Bd. 9, § 77, hat darauf hingewiesen, daß nicht der Prophet Elias diese These aufgestellt habe.

5 Kirchenväter, Texte. Hrsg. von Heinrich Kraft. Bd. 5, 1966, S. 203.

6 Einzelheiten dazu in der historisch-kritischen Luther-Ausgabe, Bd. 53, 1920.

7 Beispiele sind: „Biblia das ist die gantze Heilige Schrift ... nach der Übersetzung M. Luthers. Stuttgart 1704." – „Biblia sacra, Vulgatae editionis. Lovanii 1740." – Eine Abhandlung über die Bibelchronologien ist mir nicht bekannt. Sie besaßen für ihre Zeit hohe Bedeutung und sind verzeichnet in: Die Bibelsammlung der Württembergischen Landesbibliothek Stuttgart. 2. Abteilung, 2. Band: Deutsche Bibeldrucke 1601–1800. Beschrieben von Stefan Strohm u. a. Stuttgart 1990. – Am Ende der Barockperiode schuf Johann Albert Fabricius eine Liste derjenigen Gelehrten, welche sich mit dem Alter der Welt beschäftigt hatten, und setzte zu den Namen die Jahreszahlen, die sie errechnet hatten. Die Zahl der Namen ist so groß, daß sie 7 Seiten füllt: Joh. Albert Fabricius, Bibliographia antiquaria. Hamburgi et Lipsiae 1713. S. 187–192.

8 Keplers Werke werden im folgenden teils nach der vorzüglichen neuen Ausgabe von Max Caspar u. a. zitiert, teils nach der alten Ausgabe von Christian Frisch, Francof. 1858–1871, denn die neue Ausgabe ist erst zum Teil fertig, vor allem fehlt ein umfassendes Sachregister und Namenregister, wie es die Ausgabe von Frisch besitzt.

9 Werke, hrsg. von Caspar, Bd. 10, 1969, S. 121 und im Tafel-Teil S. 42.

10 Bibliographia Kepleriana. Hrsg. von M. Caspar. 2. Aufl. 1968. Nr. 64, S. 75.

11 Kepler weist darauf hin, daß die moderne Zeitrechnung im Jahre 532 von dem Abt Dionysius Exiguus aufgestellt sei mit den Hilfsmitteln, welche dieser damals hatte. Kepler untersucht die römischen und die altjüdischen Zeitrechnungen und kommt zu der Überzeugung, daß Dionysius Exiguus sich um etwa 5 Jahre geirrt habe. Dabei nimmt er astronomische Berechnungen zu Hilfe. Der neue Stern von 1604 könnte der alle 800 Jahre erscheinende Stern von Bethlehem sein. Auch eine Mondfinsternis in der letzten Lebenszeit des Herodes stützt seine Behauptung, Jesus sei etwa 5 Jahre früher geboren als man annimmt. Diese These ist heute allgemein von den

Historikern übernommen. – Bibliographia Kepleriana. München 1968. Nr. 27, 43, 44, 45, 47, 64.

12 Ph. Nicolai, De regno Christi. Francof. 1597. – Elias Reusner, Isagoges Historiae libri duo. Ienae 1600. – Etwas ausführlicher habe ich darüber geschrieben in meinem Buch J. M. Meyfart, München 1987. S. 340f., 431–433.

13 Die Aufzählung der Berechnungen bei Gerhard, Bd. 9, Kap. 7, § 78ff. In dem Neudruck Bd. 9, 1875, S. 75ff. – J. H. Alsted, Diatribe de mille annis apocalypticis... Bericht von der tausendjährigen Glückseligkeit der Kinder Gottes auf der Erde... Verdeutscht durch Sebastianum Francum. Schleusingen 1630.

14 Die Bibliographie von Draudius, Bibliotheca librorom Germanorum classica, 1625, welche die damals lieferbaren Bücher verzeichnet, nennt zum Thema „Jüngster Tag" 39 Werke.

15 Klag-Schrift über den frühzeitigen ... Hintritt des Herrn Martini Opitii. (Danzig) 1640.

16 Das dt. Kirchenlied bis zu Anfang des 17. Jahrhunderts. Hrsg. von Philipp Wackernagel. Bd. 5. 1877 (Reprint 1964) hat im Register S. 1413–1415 die Stichworte „Jüngster Tag", „Ende der Welt", bei den verschiedenen Konfessionen. Besonders bezeichnend für das Denken der Zeit sind die Lieder Nr. 71, 395, 692, 723, 734, 1387, 1448, 1449, 1487, 1558, 1559. – Das dt. evangelische Kirchenlied des 17. Jahrhunderts. Hrsg. von A. Fischer und W. Tümpel. 6 Bde. Gütersloh 1904–1916. Reprint 1964. – Liest man philosophie-geschichtliche Werke wie die von Dilthey, so findet man dort eine Linie von Giordano Bruno über Descartes und Spinoza zu Kant und seinen Zeitgenossen. Sie ist zumal bei Dilthey großartig dargestellt. Nur darf der Leser nicht denken, nun hätten bald nach der Zeit Brunos und Spinozas alle Menschen in deren Gedankenbahnen gedacht. Bei Dilthey ist nur ganz selten erwähnt, wie sehr die Geister, mit denen er sich befaßt, Einsame und Verfolgte waren, z. B. Bd. 3, S. 17. In der vorliegenden Darstellung sind wegen des kulturgeschichtlichen Gesichtspunkts Beispiele von verschiedenen damaligen Dichtern und Schriftstellern gebracht, wobei zu bedenken bleibt, daß Rist, Harsdörffer, Fleming, Gryphius und andere der Genannten auf der Höhe der Bildung ihrer Zeit standen.

17 Diese Lieder sind historisch beachtenswert, weil sie sich so stark absetzen von dem, was im 18. Jahrhundert kam, als die Ewigkeit der Höllenstrafen problematisch wurde durch den Hinweis, Gott sei gerecht, und es sei ungerecht, zeitliche Vergehen ewig zu strafen.

18 B. Neukirch, Der allgemeine Verlust. Trauer-Rede... o.O.u.J. (Berlin 1705). Wieder abgedruckt in: Schlesiens fliegende Bibliothek. Frankfurt und Leipzig 1708. Die angeführte Stelle dort S. 256. – Martin Lipenius, Bibliotheca theologica, Francof. 1685, nennt S. 149–151 zu dem Thema des Jüngsten Gerichts (iudicium extremum) 60 Werke. Die „Bibliotheca theologica selecta" von Joh. Georg Walch, Bd. 1, Jena 1757, nennt S. 137–139 Werke über die Auferstehung der Toten, S. 139f. über das Jüngste Gericht, S. 141 über den Weltuntergang, S. 141–143 über das Leben im Himmel, S. 143f. über die Hölle. Darunter z. B.: Georg Rost, Prognosticon theologicon oder theologische Weissagung vom Jüngsten Tage. Rostock 1620. – Georg Calixtus, De supremo judicio. Helmaestadii 1635.

19 Weitere Beispiele: „Der Prinz der Ewigkeit" und „Auf, Jungfern, auf..." (Festtagssonette III, Nr. 63 u. 64. Werke Bd. I, S. 221f.), „Ade, verfluchtes

Tränen-Tal" (Werke II, S. 48–51) und „Gedanken über den Kirchhof" Strophe 37–50, Vers 289–400 (Werke III, S. 14–18) – Gryphius wird hier zitiert nach der Ausgabe von Szyrocki und Powell, 1963ff.

20 „Wir selbst vergewissern uns, daß dero anietzt in Krankheit und Todesangst verdorrte Gebeine in kurzem aus dem unfruchtbaren Grabe auf den Donnerschlag des annahenden letzten Tages fröhlich und prächtig hervor grünen werden." (S. 595f.) „Des Herren großer Tag ... er ist nahe und eilet sehr." (S. 646) – Dazu: Wilhelm Voßkamp, Untersuchungen zur Zeit- und Geschichtsauffassung bei Gryphius und Lohenstein. Bonn 1967.

21 Es ist bezeichnend für die Zeit, daß Johann Gerhard in seinen „Loci theologici", Bd. 9, 1622, auch die Lehre des Ptolemäus referiert (Neudruck Bd. 9, S. 294). Bei Kepler kommt Ptolemäus sehr häufig vor, das Register bei Frisch hat 2 Seiten mit Verweisen.

22 Eine zusammenfassende Darstellung des Keplerschen Weltbildes gibt der maßgebliche Kepler-Forscher Max Caspar in seiner Monographie „Johannes Kepler", 3. Aufl., Stuttgart 1958, im Schlußkapitel S. 422–466. – Vorzügliche Hinweise auf prägnante Stellen bietet das Register bei Frisch in Bd. 8 unter „mundus".

23 Kopernikus hatte 1543 sein Werk „De revolutionibus orbium coelestium" veröffentlicht. In den folgenden Jahrzehnten erfuhr es bei den Fachleuten wenig Beachtung und noch weniger Zustimmung. In breiteren Kreisen blieb es unbekannt. Angewandt wurde das kopernikanische Weltbild erst von Galilei und von Kepler. Daraufhin setzte die katholische Kirche 1616 das Buch des Kopernikus auf den Index der verbotenen Bücher, und 1619, sogleich beim Erscheinen, auch Keplers Werk „Epitome astronomiae Copernicanae". – The Encyclopedia of Religion. Vol. 4. New York 1987. S. 81. – Bibliographia Kepleriana. 1968. Nr. 55 S. 65. – Ernst Zinner, Entstehung und Ausbreitung der copernicanischen Lehre. 2. Aufl., München 1988.

24 Heinrich Meyer, The Age of the World. A chapter in the History of Enlightenment. Mühlenberg College, Allentown, Pa., 1951. (132 S.)

25 Paul Wernle, Der schweizerische Protestantismus im 18. Jahrhundert. Bd. 2, Tübingen 1924, S. 3.

26 Herder, „Ideen zur Philosophie der Geschichte der Menschheit". Das Wort „Menschheit" bedeutet hier nicht „Summe aller Menschen" – dafür hatte man das Wort „Menschengeschlecht" –, sondern Humanität. Herder gibt also eine Geschichte des menschlichen Wesens in seinen besten Zügen.

27 Lessing rezensierte dieses Buch etwas skeptisch in der „Berliner privilegierten Zeitung" 1751.

28 Goethes Werke, Hamburger Ausgabe, Bd. 8, S. 118ff.

Quellenangaben

Von den hier gedruckten Aufsätzen sind drei schon an anderer Stelle vereinzelt erschienen. Im Neudruck sind die deutschen Zitate in moderner Rechtschreibung gebracht, um das Lesen zu erleichtern. Die lateinischen Zitate sind in Übersetzung und im Wortlaut gebracht (im ersten Aufsatz als Anhang).

Weltbild und Dichtung im deutschen Barock

1957 in dem Sammelband „Aus der Welt des Barock" von Richard Alewyn u. a., Verlag Metzler. – Im vorliegenden Neudruck leicht überarbeitet.

Anfänge des Barock. Wissenschaft und Kunst am Hofe Kaiser Rudolfs II.

Bisher ungedruckt. Eine ausführliche Arbeit über den Rudolfinischen Kreis mit Bibliographie und Anmerkungen habe ich veröffentlicht in „Die österreichische Literatur", hrsg. von Herbert Zeman, Band 1, Graz 1986. Neudruck in Buchform geplant. Wer Einzelheiten oder Literatur zu dem Thema sucht, sei auf jene Darstellung verwiesen.

Johann Matthäus Meyfart und sein Buch gegen die Hexenprozesse

Bisher ungedruckt. Auf Anmerkungen und bibliographische Verweise ist verzichtet, weil man diese in meinem Buch über Meyfart, München 1987, ausführlich findet.

Barocke Lyrik. Drei Sonette des Andreas Gryphius

Erstdruck der Interpretationen von „Wir sind doch nunmehr ganz..." und „Die Könige gezeugt..." in: Vom Geist der Dichtung. Gedächtnisschrift für Robert Petsch. Hamburg 1949. S. 180–205. – Erstdruck von „An die Sternen" in: Deutsche Lyrik von Weckherlin bis Benn. Hrsg. von J. Schillemeit. Frankfurt 1965. S. 19–27.

Deutsche Schriftsteller des Barock in zeitgenössischen Kupferstichen

Erster Druck in: Nobilitas literaria. Dichter, Künstler und Gelehrte des 16. und 17. Jahrhunderts in zeitgenössischen Kupferstichen. = Schriften der Schleswig-Holsteinischen Landesbibliothek, hrsg. von Dieter Lohmeier, 11. Verlag Boyens, Heide in Holstein, 1990. – Dort sind 73 Bilder reproduziert und zu zahlreichen von diesen Erläuterungen gegeben. Wer also Einzelheiten sucht, sei auf jenen Band verwiesen.

Barock und Goethezeit. Wandlungen des Weltbildes

Bisher ungedruckt. Vor 1970 mehrfach in Universitäts-Vorlesungen behandelt.

Verzeichnis der Abbildungen

1. Rudolf II. Kupferstich von Aegidius Sadeler. 1609. Gedruckt und verlegt von Marcus Sadeler. – Aegidius Sadeler pflegt porträtähnlich darzustellen, das zeigt der Vergleich mit anderen Bildnissen des Kaisers, aber der Lorbeerkranz ist Beigabe des Kupferstichs, auch einen Harnisch pflegte der Kaiser in späteren Jahren nie mehr anzulegen. Das Ganze also bezeichnend für die Verbindung des Realistischen und Illusionistischen in der frühbarocken Kunst am Hofe Rudolfs II.
2. Prag im 17. Jahrhundert. Anonymer Kupferstich aus: Kaspar Schneider, Beschreibung des Elb-Stroms. Nürnberg 1687.
3. Heinrich Julius Herzog von Braunschweig-Wolfenbüttel, Direktor des kaiserlichen geheimen Rats. Kupferstich von Domenicus Custos nach einem Gemälde von Hans von Aachen. Aus: Domenicus Custos, Atrium heroicum. Augsburg 1602.
4. Titelkupfer zu Oswald Croll, Basilica chymica, 1608. Kupferstich von Aegidius Sadeler. – Die 6 Porträts bezeichnen die geistigen Ahnen des Werks, die 2 Diagramme die Denkweise der Forschung.
5. Bartholomaeus Spranger, Selbstbildnis. Ölgemälde, um 1590. Kunsthistorisches Museum Wien.
6. Philipp de Monte, Hofkapellmeister Kaiser Rudolfs II., Komponist. – Kupferstich von Raphael Sadeler, 1594.
7. Elisabeth Westonia, 1582–1612, die neulateinische Dichterin im Hofkreis Kaiser Rudolfs II. Porträtzeichnung ohne Künstlernamen. Hessisches Landesmuseum Darmstadt. Vielleicht Vorzeichnung für einen Porträtstich. Darauf deutet die Bezeichnung des Ovals, das für Porträtstiche üblich war, und die Art der Zeichnung. Die Gesichtszüge konnten auf der Kupferplatte nur nach einer genauen Zeichnung gearbeitet werden, für die Kleidung genügte eine Skizze, die dann erst beim Stich näher ausgeführt wurde.
8. Johann Matthäus Meyfart. Kupferstich von Johann Dürr nach eigener Zeichnung. Die lateinischen Verse sagen: „Du Meyfart wurdest in Coburg als Direktor verehrt, danach an den Lehrstühlen in Erfurt als ihr Wiederhersteller. Wer die Gabe der Beredsamkeit zu würdigen vermag, konnte nicht anders als staunen über den Fluß deiner Rede." Magister Johann Frentzel zeichnet als „possessor", d. h. als Besitzer der Zeichnung. Rechts unten: „Observantiae causa fecit" = Aus Ehrerbietung hat es geschrieben M(agister) C(hristian) Duftius.
9. Coburg im 17. Jahrhundert. Stadt und Veste. Kupferstich eines unbekannten Künstlers, vermutlich desselben wie der Stich von Prag Abb. 2. – Der Stich wurde als Einzelblatt verkauft und kam außerdem in das Buch „Der getreue Reiss-Gefert durch Ober- und Niederdeutschland. Nürnberg 1686."
10. Andreas Gryphius. Kupferstich von Philipp Kilian. Als Einzelblatt gedruckt. Ferner in: Gryphius, „Leich-Abdanckungen", 1666. – Unter dem Porträt sechs lateinische Verse, Hexameter und Pentameter. In Vers 3 ein Fehler:

„Cumulata“ ist ursprünglich in zwei Wörtern geschrieben und dann durch einen Strich verbunden. So nur auf den frühen Abzügen, die späteren zeigen, daß die Platte an dieser Stelle geglättet und neu gestochen ist. Die Verse des Heinrich Mühlpforth (1639–1681) in Übersetzung: „Den das glückliche Deutschland als tragischen Dichter anstaunte, / Der mit seinem Blitz die steinernen Herzen der Menschen traf, / So war er von Aussehn. Seine gewaltige Kenntnis der Dinge, / Und was immer der Kreis der gewaltigen Erde enthält, / Leuchtet hervor aus seinen Schriften, die sein von Gott begabter Geist zurückläßt, / Gryphius wird in den elysischen Gefilden die zweite Pallas sein.“

11. Henriette Marie, Königin von England (1609–1669). Kupferstich von Wenzel Hollar nach einem Gemälde von Anton van Dyck. – Gryphius feierte die Königin in einem Sonett.
12. Martin Opitz. Kupferstich von Jacob van der Heyden, 1631. Nach eigener Zeichnung. – Die Inschrift im Oval: Bildnis des Martin Opitz, des berühmten Mannes (v. c. = viri clarissimi), nach dem Leben dargestellt. – Das Distichon unter dem Bild: „So war, Leser, das Antlitz des apollinischen Sängers Opitz, welcher Fürst ist für das deutsche Gedicht.“ (Caspar Barth). Darunter: J. ab Heyden sculpsit = Jacob van Heyden hat es gestochen. 1631.
13. Philipp Jacob Spener (1635–1705). Schabkunstblatt, um 1700.
14. Justus Lipsius. Kupferstich von Schelte Bolswert nach einem Gemälde von Anton van Dyck.
15. Philipp von Zesen. Kupferstich von Christian von Hagen, nach eigener Zeichnung. – Zesen lebte in Amsterdam. Die Verse unter dem Porträt stammen von der niederländischen Dichterin Anna Maria van Schurman. Sie enden mit einem Lob des Romans „Assenat“, der 1670 erschienen war: „Die Sonne der Deutschen, ihr Varro, ihr Homer, der berühmte Zesen, verbirgt hier sein Licht unter dem Schatten dieser Züge. Wenn du aber den Glanz seines göttlichen Geistes sehen willst, dann sieh seine ‚Assenat‘ an.“
16. Quirinus Kuhlmann. Kupferstich von R. White, 1683, nach einer Vorlage von Otto Henin, 1679.
17. Johann Michael Dilherr (1604–1669), Kupferstich von Jacob Sandrart nach einem Gemälde von Rudolf Werenfels. – Dilherr war der bedeutendste Geistliche in Nürnberg, bekannt als Kanzelredner und Erbauungsschriftsteller. Die Verse stammen von Sigmund von Birken (1626–1681), der zu dem Nürnberger Dichterkreis gehörte.
18. August Buchner. Kupferstich von Johann Dürr, 1656, nach einem Gemälde von Christoph Spetner. Literarische Umrahmung von Johann Frentzel in Leipzig.
19. Johann Valentin Andreae. Kupferstich, vermutlich von Peter Aubry dem Jüngeren. – Das Porträt hat keine Beigaben wie Buch, Ehrenkette, allegorische Umrahmung. Ein weißer Hintergrund kommt auf Porträtstichen des 17. Jahrhunderts selten vor.
20. Heinrich Kornmann. Kupferstich von Sebastian Furck. – In den Versen ist die Namensform „Erici“ dadurch zu erklären, daß im Mittellatein und Neulatein „Ericus“ statt „Henricus“ geschrieben werden konnte.
21. Regina Magdalena Limburger, Dichterin in Nürnberg. Kupferstich von Johann Christoph Sartorius nach einem Gemälde von Conrad Eckhard. – Die

Inschrift oben sagt, daß die Dargestellte „gekrönte Dichterin" war – Birken hatte ihr 1668 den Lorbeer verliehen – und daß sie im Alter von 52 Jahren gemalt wurde. Der „Pegnesische Blumenorden", in den sie aufgenommen wurde, hatte als Emblem die Passionsblume (Passiflora), die auf der linken Seite abgebildet ist. Jedes Mitglied erhielt einen Gesellschaftsnamen – in diesem Falle „Magdalis" – und ein Emblem, hier „Iacea", das Stiefmütterchen, rechts abgebildet, damals wegen seiner drei Farben als Sinnbild der Dreieinigkeit aufgefaßt..

22. Paul Melissus (1539–1602). Kupferstich von Theodor de Bry aus „Icones virorum illustrium", 1597. Auch als Einzelblatt gedruckt. – Die Umschrift des Portäts: Paul.(us) Meliss.(us) Franc.(us) Comes pal.(atinus) et Eq.(ues) aur.(atus) Civis Roman.(us) = Paul Melissus aus Franken, Pfalzgraf, vom Kaiser zum Ritter geschlagen (auratus: mit Goldschmuck, wegen des Rechts, goldene Sporen zu tragen), Bürger des Römischen Reiches. – Übersetzung des Distichons: Die deutschen Sänger mögen zusammenkommen und um die Wette streiten,/Sieger wird der Fränkische Schwan sein durch seine kultivierte Dichtung.
23. Gregor Ritzsch (1584–1643), Buchdrucker und Kirchenlieddichter. Kupferstich von Albrecht Christian Kalle nach eigener Zeichnung. Die Verse unter dem Bild stammen von Ritzsch selbst. Er ist in schlichter bürgerlicher Kleidung dargestellt, aber mit Tintenfaß und Feder. Umrahmung: links Bücher, rechts Druckerpresse. Datiert 1636.
24. Jan Brueghel (1568–1625), auch genannt „Blumen-Brueghel" im Unterschied zu seinem Vater Pieter Brueghel. Radierung von Anton van Dyck.
25. Albrecht von Wallenstein (Waldstein), Herzog von Friedland. Kupferstich von Petrus de Jode nach einem Gemälde von Anton van Dyck. – Dux: Herzog; Com(es): Graf.
26. Wolfgang Endter (1593–1659), Verleger in Nürnberg. Er veröffentlichte die Erbauungsbücher von Dilherr, Meyfart und anderen Autoren, ferner das große Bibelwerk, das Herzog Ernst der Fromme begründet hatte, und andere bedeutende Werke der Zeit. – Die Umschrift sagt, daß der Stich nach dem Tode Endters hergestellt ist. Die Verse stammen von Dilherr. Ein Stecher ist nicht genannt.
27. Jean Racine. Kupferstich von Gérard Edelinck. Racine, neben Corneille der Klassiker der französischen Tragödie im Zeitalter Ludwigs XIV., wird im Unterschied zu deutschen Dichterporträts nicht durch Lobverse herausgestellt, sondern nur durch den Hinweis auf seine Zugehörigkeit zur Académie Française.
28. Paul Fleming. Kupferstich, vermutlich von August John, für Flemings „Teutsche Poemata", 1646. – Die lateinische Umschrift: „Paul Fleming aus Hartenstein im Vogtland, Doktor der Philosophie und der Medizin und gekrönter Dichter, im Alter von 31 Jahren 1640." Die Verse stammen von Caspar Hertranfft (1610–1657), der zu gleicher Zeit wie Fleming in Leiden studiert hatte. „Leser, du siehst hier zusammen die deutsche Flamme und das klassische Feuer: so war Fleming durch sein Gedicht". Sitta Lusatus: aus Zittau in der Lausitz.
29. Johann Heermann. Kupferstich ohne Stechernamen. – Die Umschrift: „Johannes Heermann aus Raudten in Schlesien, kaiserlich gekrönter Dichter (poeta

laureatus Caesareus), der Kirche in Koeben Pastor, seines Alters 45 Jahre, 1631." Unter dem Bildnis: „Jesus ist mir alles." Darunter die Verse von Opitz: „Wenn die Muse das Vaterland, die Frömmigkeit die Welt verläßt, hält Heermann sie beide mit gelehrter Hand auf. Wenn er sie nicht festhalten könnte, würde er, den du, Leser, hier vor dir hast, sie durch seine Schriften, die wir lesen, wiederherstellen." Geschrieben mit Bezug auf die grauenhaften Kriegszustände in Schlesien, etwa zu der Zeit, als Gryphius sein Sonett „Tränen des Vaterlandes" dichtete.

30. Georg Philipp Harsdörffer. Kupferstich von Jacob Sandrart nach einer Zeichnung von Georg Strauch. Die Umschrift nennt das Todesdatum, die Zeichnung stammt wohl aus Harsdörffers letzten Lebensjahren. Unter dem Bildnis: „Der Spielende", der Gesellschaftsname Harsdörffers in der „Fruchtbringenden Gesellschaft", deren Ehrenmedaille er auf der Brust trägt. Die allegorischen Gestalten: Glaube, Gerechtigkeit, Hoffnung, Klugheit. Unten zwei Embleme: links Bergleute „Suche und du wirst finden", rechts eine Fackel „Durch meinen Dienst verzehre ich mich." Verse von Dilherr. Das Blatt ist Gemeinschaftsarbeit von drei Nürnbergern, Strauch, Sandrart und Dilherr.
31. Joachim Sandrart. Kupferstich von Philipp Kilian nach einem Gemälde von Johann Ulrich Mayr. Titelbild von: Sandrart, Academie der Bau-, Bild- und Malerey-Künste. Nürnberg 1675.
32. Daniel Casper von Lohenstein. Kupferstich von Johann Tscherning, 1688, nach einer Vorlage aus dem Jahre 1683. Aus dem Druck von Lohensteins Roman „Arminius", 1689.
33. Christian Thomasius. Kupferstich ohne Stechernamen nach einem etwa 1704 entstandenen Gemälde des Malers Samuel Blaettner.
34. Gottfried Wilhelm Leibniz. Kupferstich von David Ulrich Böcklin (1686–1748), erschienen in: J. F. Feller, Otium Hanoveranum, Lipsiae 1718. Nach einem Stich von Martin Bernigeroth von 1703.

Foto-Nachweis

Nr. 5: Kunsthistorisches Museum Wien.
Nr. 7: Hessisches Landesmuseum Darmstadt.
Nr. 28: Schleswig-Holsteinische Landesbibliothek, Kiel.
Alle anderen Fotos sind privat hergestellt auf Grund von Vorlagen aus einer Privatsammlung.

Sachregister

Die Aufsätze des vorliegenden Bandes stehen alle in einem inneren Zusammenhang. Das barocke Weltbild mit Mikrokosmos und Makrokosmos wird nicht nur in dem Einleitungsaufsatz behandelt, sondern auch bei dem Rudolfinischen Kreis, bei Gryphius und in dem Schlußaufsatz über die Wende vom Barock zur Goethezeit. Dabei kommt immer wieder zur Sprache, wie das traditionelle Christentum sich mit dem naturwissenschaftlichen Weltbild seit Copernicus vereinigt, in der Sprache der Zeit das „Licht der Gnade" und das „Licht der Natur". Auch die ständische Ordnung und der Kampf der Gelehrten um eine angemessene Stelle im gesellschaftlichen Gefüge wird in mehreren Aufsätzen berührt, ebenso die für das Barock typische Formstrenge in Versdichtung und Kunstprosa. Als Quellenmaterial dienen vor allem Werke von Schriftstellern, die für das Denken der Zeit typisch sind, wie Opitz, Fleming und Gryphius, ferner von Wissenschaftlern wie dem Theologen Johann Gerhard und dem Astronomen Johann Kepler. Diese Männer standen auf der Höhe der Bildung ihrer Zeit. Um die Fülle der barocken Themen und ihren Zusammenhang anzudeuten, kann das Sachregister vielleicht eine Hilfe sein.

Anzeigen

Erich Trunz

Johann Matthäus Meyfart

Theologe und Schriftsteller in der Zeit des Dreißigjährigen Krieges
1987. 461 Seiten und 33 Abbildungen.
Leinen

„Ein hochangesehener Scholarch und unerschrockener Pamphletist, gegen die Hexenverfolgung nicht minder entschieden wie gegen die Inhumanität des studentischen Lebens polemisierend, ein wortgewaltiger Beschwörer des Jüngsten Gerichts, des himmlichen Jerusalems und des höllischen Sodoms, ein Bannerträger der deutschsprachigen Rhetorik und ein Formkünstler von Rang („Jerusalem, du hochgebaute Stadt, wollt Gott, wär' ich in dir") ist erst heute wiederentdeckt worden.
Der Dank dafür gebührt Erich Trunz, der sich mehr als ein halbes Jahrhundert lang, von seiner Dissertation über die deutsche gelehrte Dichtung des sechzehnten und beginnenden siebzehnten Jahrhunderts bis zu seiner nun vorliegenden großen Biographie, mit Meyfart beschäftigt, die Forschung über ihn befördert, die Edition der Schriften vorangetrieben und die Besonderheit der Meyfartschen Kunstprosa herausgestellt hat...
Erich Trunz' Biographie liest sich zügig, ja spannend. Und gewinnreich schon deshalb, weil der Verfasser keine Scheu hat, den Inhalt der Meyfartschen Schriften in raffender Darstellung nachzuerzählen; weil er nicht vorschnell, dem Wissensstand der Kenner vertrauend, interpretiert, sondern das Material zunächst einmal ausbreitet, ehe er es, von jedermann überprüfbar, unter theologischen, pädagogischen und, vor allem, stilistischen Aspekten behandelt. Dabei geht er souverän, ruhig und ohne jenen missionarischen Eifer vor, der ihm sehr wohl angestanden hätte."

Walter Jens, in „Frankfurter Allgemeine Zeitung"

„Die Leistung Meyfarts wird deutlich vor dem historischen Hintergrund, den Trunz mit bewundernswerter Sachkenntnis und Souveränität darstellt. Sein Buch wird so auch zu einer ausgezeichneten Einführung in die Epoche, konkret, stoffreich, ohne Gemeinplätze. Eine sofortige Dokumentation, zahlreiche Abbildungen auf Kunstdrucktafeln und Sach- und Namenregister erhöhen ihren Wert. Auffallend – und eine Art Kontrastprogramm zum üblichen Germanistendeutsch – die unprätentiöse Sprache. Es ist kein Buch der großen Worte. Trunz hat sie nicht nötig."

Volker Meid, in „Germanistik"